34,-

Brigitte Geschenke

Brigitte

K R E A T I V

Geschenke

malen, sägen,
schnitzen,
sticken, nähen,
töpfern

VON RENATE HERZOG

Ein Brigitte-Buch
im Mosaik Verlag

Renate Herzog
ist bei BRIGITTE zuständig für
Kreativ-Themen.

Die Beiträge des Buches stammen von
Christa Becker, Wolfgang Beckmann,
Kathrin Behrens, Gabriel Constantinescu,
Linda Ehret-Eichhorn, Ariane Heyduck,
Gisela von Humboldt, Ingeborg Jacobi,
Ulla Lehsten, Edelgard Lutze, Christina
Naura, Heidrun Perdikas, Hilke Radowitz,
Cornelia von Seidlein, Roberto Spadoni,
Kirsten Türck, Stephanie Wirth.

Zeichnungen:
Regina Isterling (1), Friedhelm Ott (3),
Wilhelm Schlote (12), Antje Schönau, (1)

Fotos:
Hayo Heye, (Titel und 6),
Gisela Caspersen (11), Gabriel
Constantinescu (4), Achim Deimling-
Ostrinsky (11), André Heeger (1)
Christoph Kaul (1), Ortwin Möller (2),
Rudolf Nüttgens (39), Heiner Orth (10),
Peter Pfander (1), Rudi Schmutz (7),
Ilse Thoma (2), Elna Voss-Hellweg (1)

Gestaltung: Dietmar Meyer, Friedhelm Ott
Herausgeberin: Anne Volk
Lektorat: Marita Heinz
Produktion: Bernd Bartmann
Druckzentrale G+J
DTP: Friedhelm Ott
Lithographie: Eichenberg Repro, Hamburg
Druck: Kaufmann, Lahr
Copyright 1993: Mosaik Verlag GmbH,
München
Gruner+Jahr AG & Co, Hamburg
54321
Printed in Germany

ISBN 3-576-10275-2

Man hat's nicht leicht mit dem Schenken.

Alle lieben Zeitgenossen, denen ich gern etwas schenke, haben schon ein Buch, eine Vase, eine Salatschüssel, eine CD, ein gutes Küchenmesser und ein Auto. Und alles, was ihnen fehlt, möchten sie gerne selber kaufen, damit es sich gut in ihren Lebensstil einfügt. Erschwerend kommt hinzu, daß immer mehr Leute es aufgeben, Hab und Gut anzusammeln. „Wir brauchen das alles nicht!" ist die neue Parole, die Schenkern das Schenken noch schwerer macht. Womit bitte erfreut man die neuen Puristen und die Leute, die alles schon haben? Ich habe hier einen Vorschlag: Man kann ihnen etwas basteln, stricken, nähen, malen, dichten oder komponieren. Etwas, das absolut einmalig ist. Einmalig schön oder auch nicht, Hauptsache sie merken, daß man ihnen kostbare Zeit und besondere Aufmerksamkeit gewidmet hat. Das ist, was dem Geschenk den inneren Wert gibt. Zugegeben, die Gaben kreativer Leute bergen das hohe Risiko, daß sie nicht genau den Geschmack des Beschenkten treffen. Da gilt die Regel: In kritischen Fällen lieber backen als schnitzen. Wenn Sie dieses Buch erworben haben, sind Sie vermutlich bereit, zu Nadel oder Pinsel zu greifen. Ich habe hier zusammengestellt, was kreative Mitarbeiter der BRIGITTE sich ausgedacht und fabriziert haben. Lauter Sachen, von denen ich glaube, daß sie liebenswerte Geschenke abgeben. Nichts davon setzt voraus, daß Sie vorher eine Lehre absolvieren müssen. Wenn auch nicht alles vollkommen wird, so trösten Sie sich: Perfekt arbeiten – das können auch Maschinen!

RENATE HERZOG

Inhalt

Malen auf Holz

Kleben

Stricken und Häkeln

Sägen

Schnitzen

Nähen

Fotos kopieren

Gießen und Töpfern

Herzlich...

Genäht, gebacken, gesägt, gehäkelt oder aus-
geschnitten – Herzen sind ein Kapitel für sich.
Und das gehört an den Anfang dieses Buches!
(Anleitung für die Kissen auf Seite 18)

Topflappen aus bunten Stoffresten

Aus Stoffstreifen häkeln

Herz-Topflappen

Kunterbunte Stoffreste in 3–5 cm breite Streifen schneiden, zu unterschiedlich langen Streifen aneinandernähen und mit dicker Häkelnadel Schnüre daraus häkeln oder flechten. Ab und zu mal hinlegen, um auszuprobieren, ob die Schnüre die richtige Länge kriegen. Mit einer gequetschten Herzform in der Mitte fängt man beim Zusammennähen an, dann wird Schnur um Schnur mit doppeltem Zwirn herzförmig festgenäht. Zum Schluß eine große Aufhängeschlaufe nicht vergessen!

Herzen mit Kerzen

Ganz dünnes, mit der Blechschere schneidbares Eisen-, Alu-, Kupfer- oder Messingblech (Metallhandlung) besorgen und Herzen mitsamt dem Tellerchen, das die Kerze halten soll, mit einer schlanken Blechschere ausschneiden. Den Rand etwas wellen. Das Blechherz auf altes Holz legen, ein Muster vorzeichnen und mit einem dicken Nagel lochen. Den Teller hochbiegen, aus Blech eine kleine Kerzentülle biegen und mit Metallkleber auf dem Teller festmachen.

Kerzenhalter werden aus dünnem Blech geschnitten. Wenn sie nicht rosten sollen, Messing-, Alu- oder Kupferblech nehmen

Grob, aber herzlich und etwa 20 cm hoch

Kuchen auf Herzbrettchen

Besorgen Sie sich in der Holzhandlung ein gehobeltes Kiefernbrett (etwa 20 mm stark), sägen Sie mit der Stichsäge ein Herz aus. Dann den oberen Rand mit dem Schnitzmesser einkerben und mit Schleifpapier glätten. Den Kuchen aus Rührteig in einer Herzform (Haushaltswaren) goldbraun backen.

Ein Herz aus Hefeteig

Hefteteig machen (aus 1 kg Mehl) und aus $2/3$ des Teigs auf dem eingefetteten Backblech ein Herz formen. Für die Verzierungen das letzte Teigdrittel auf einem bemehlten Brett auswalzen, mit Backförmchen (oder mit dem Messer) Herzen, Blätter und Rosenblättchen ausstechen und diesen Zierrat mit Eiweiß auf das Herz kleben. Zusätzlich mit Mohn und Mandeln verzieren. Dann Eigelb mit Milch verrühren, damit das Backwerk bestreichen und bei 200 Grad (Gas: Stufe 3) in etwa 30 bis 50 Minuten goldbraun backen.

Liebe in Mürbeteig

Einen Mürbeteig aus Roggenmehl kneten, wie für dunkle Plätzchen. Aus dem Teig dicke Rollen formen und daraus ein Herz legen: etwas windschief und grob, von Querspangen gehalten. Zum Schluß mit der Messerspitze ungleichmäßig verzieren.

Idee für zwei: Einer sägt, der andere backt

Ein duftendes Herz aus frischem Hefeteig

Eine Decke voller Herzen

Diese bunte Decke ist aus lauter einzeln angefertigten Quadraten zusammengesetzt. Das hat zwei Vorteile: Die Arbeit ist einfacher, und Sie können die Größe nach Material und Ausdauer selbst bestimmen. Jede Größe ist möglich. Diese Decke ist fertig genäht 125 x 155 cm groß. Sie besteht aus 32 Quadraten, 14 großen Dreiecken (halbe Quadrate) für den Rand und 4 kleinen Dreiecken (Viertel-Quadrate) für die Ecken, alles aus zwei Lagen Stoff mit einer Einlage dazwischen. Am besten zeichnen Sie sich die Deckeneinteilung erst auf, damit Sie bei der Arbeit nicht den Überblick verlieren.

Das brauchen Sie:

Viele kräftige bunte Stoffreste aus Baumwolle, Leinen oder kräftiger Seide, 3,10 m naturfarbenes Leinen, 140 cm breit, 2 m Molton als Einlage, 160 cm breit, festes Garn (Zwirn oder Nähgarn mit Synthetikanteil) zum Zusammennähen, Stickgarn und Pergamentpapier. Alle Stoffe sollten vorgewaschen sein. Auch Leinen geht ein!

So wird's gemacht:

Schneiden Sie sich erst aus festem Karton eine Schablone für die Quadrate von 22 x 22 cm (Fertigmaß 20 x 20 cm, immer 1 cm Nahtzugabe). Dann kommen zuerst die bunten Quadrate dran. Sortieren Sie alle Ihre Stoffreste nach Farben, und nähen Sie dann im Patchwork-Verfahren je 9 kleine Quadrate (8,7 x 8,7 cm) zu einem Quadrat zu-

Eine Prachtdecke, die sichtlich mit viel Liebe genäht wurde

sammen. Von dieser Sorte brauchen Sie insgesamt 20 Stück. Dann schneiden Sie das Leinen zu: 32 Quadrate für alle Rückseiten, 12 für die Leinenfelder auf der Vorderseite, zusammen also 44 Stück. Für die Einfassung brauchen Sie zwei 14 cm breite Leinenstreifen von Stoffbreite und zwei 14 cm breite Streifen von 170 cm Länge. Aus dem Molton 32 Quadrate als Einlagen zuschneiden. Dann kommen die Dreiecke dran. Die Schablone diagonal halbieren und danach aus Leinen 28 Dreiecke schneiden und 14 aus Molton. Achtung: An den Diagonalen muß jetzt jeweils 1 cm Nahtzugabe angeschnitten werden! Nun die Schablone noch einmal diagonal halbieren und nach diesem Maß 8 Leinendreiecke für die Ecken zuschneiden, dazu 4 aus Molton. Die Moltoneinlagen unter den 20 bunten und den 12 Leinenquadraten festheften und jedes Quadrat mit einem aus Leinen verstürzen. Eine Öffnung zum Wenden lassen, die Ecken schräg abschneiden, wenden und die Öffnung zunähen. Dasselbe mit allen Dreiecken machen. Alle Teile bügeln und von rechts gitterartig mit der Hand absteppen. Aus verschiedenen rotgemusterten Stoffen 13 Herzen mit Nahtzugabe zuschneiden, mal etwas schlanker, mal rundlicher. Nahtzugaben umheften und die Herzen, mit der Spitze auf eine Ecke zeigend mit großen Zickzackstichen auf die 12 Leinenquadrate nähen. Ein Quadrat bekommt ein Doppelherz. Jetzt alle Quadrate und Dreiecke auf dem

Boden auslegen, gut mischen und dann alle Teile mit der Hand Stoß an Stoß zusammennähen. Festes Garn nehmen! Vielleicht bekommen Sie im Handarbeitsgeschäft spezielles Quiltgarn. Die Decke mit einer breiten Blende (Fertigmaß 6 cm mit Einlage) einfassen. Übrigens: Überprüfen Sie bitte unser Deckenformat, ehe Sie Stoff kaufen und sich an die Arbeit machen. Denn die gezeigte Decke ist gut für das Sofa oder ein Kinderbett, für ein großes Bett ist sie zu knapp. Wenn Zeit, Geduld und Stoff für eine Decke nicht reichen: Ein großes Kissen dieser Machart ist auch ein feines Geschenk!

Herzen aus Blech

Von der Schemazeichnung unter diesem Text eine Schablone machen und die Herzform auf dünnes (0,2 mm) Eisenblech (Metallhandlung oder Schrottplatz) aufzeichnen. Unsere hängenden Herzen auf dem Foto rechts sind größer. Sie können Ihr Schnittmuster fotokopieren, dabei vergrößern und dann auf Blech übertragen. Mit einer schlanken Blechschere oder einer robusten Haushaltsschere ausschneiden. Anschließend die Schnittkanten mit einer Flachzange glätten und mit Schleifpapier nacharbeiten. Zusammen mit Blumen verschenken.

Die graue Zeichnung auf Pergament durchzeichnen und gegengleich ergänzen

Blechherzen in Variationen
zwischen 25 und 30 cm Größe.

Eine Herzform zeichnen

Es gibt eine einfache Methode: Zeichnen Sie zwei Quadrate. In ein Quadrat
schlagen Sie mit dem Zirkel einen
Kreis. Nun Kreis und Quadrat ausschneiden, Kreis halbieren und die
drei Teile so zusammensetzen, wie es
hier aufgezeichnet ist. Aber Herzen,
die so akkurat aussehen, sind eher
langweilig. Ziehen Sie das Herz ein
bißchen in die Länge, oder machen
Sie es mal etwas schief. Es wird dann einem lebendigen Herzen ähnlicher.

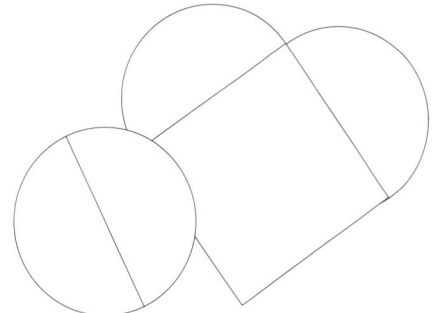

Die klassische Herzform

Patchwork-Kissen (von S. 8/9)
Ein Schnittmuster machen (siehe „Herzform zeichnen", S. 17). Robuste Stoffreste zusammenstückeln, dann nach Schnittmuster mit Nahtzugabe zwei Herzen ausschneiden, rechts auf rechts zusammennähen, eine Öffnung zum Füllen lassen. Alle Nähte mit dickem Garn im Hexenstich übersticken. Das Herz mit Polsterwatte, Schaumstoffflocken, einem Herzkissen oder mit frischem Heu ausstopfen und die Öffnung schließen.

Nadelkissen
Nach der gleichen Methode entstehen herzförmige Nadelkissen, die zwischen Sternen und sockenförmigen Säckchen hängen. Erst Flicken zusammensetzen, dann zuschneiden und festnähen.

*Nadelkissen und Säckchen
aus Stoffresten*

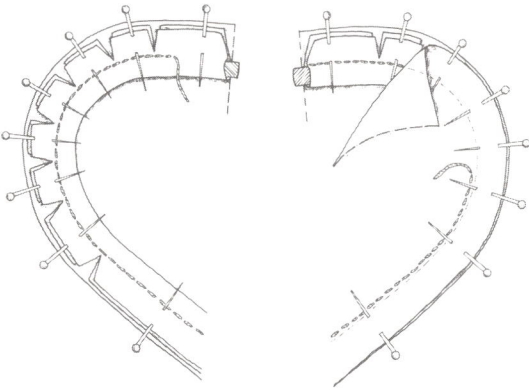

Kissen mit Keder nähen

*Fotokopierte Rosen (oder auch Schriften,
Fotos, Widmungen) auf kleinen Leinenherzen*

Rosenherzen

Eine Rosenoblate oder ein anderes Rosenbild in einer Fotokopieranstalt
(mit Laser-Farbkopierer) auf einen
Stoff (am schönsten ist Leinen) übertragen lassen. Das kann man übrigens
auch mit Fotos machen (siehe Seite
130). Dann den Stoff zu einem Herzkissen oder Nadelkissen verarbeiten.
Soll das Kissen einen kleinen Wulst
(Keder) bekommen, schneiden Sie
(Zeichnung links) einen entsprechend
langen Schrägstreifen zu, halbieren ihn
der Länge nach, legen eine Schnur in
die Knickfalte und steppen knapp daran
entlang. Dann den „gefüllten" Streifen beim Zusammennähen von zwei
Herzhälften mitfassen, ihn vorher aber
durch Einschnitte den Rundungen an-
passen, wie Sie auf der Zeichnung
links sehen. Die Herzhälften knapp
über der Schnur zusammensteppen,
eine Öffnung lassen und wenden.
Zum Schluß Aufhänger annähen!

Basteln

Inseln

Zur Hochzeit, zum Jubiläum, zum Abschied:
Streichholzschachteln als winzige Mini-Theater
mit passenden Szenen (Machart Seite 23)

Souvenirs in der Schachtel

Wegweiser

Postkartenhaus

Allerlei

Angelschnur

Hausnummer 88

Flaschenkapsel

Schnecke und Haus

Gruß aus der Taverne

Strandkork

Schachtelgrüße

Souvenirs

Streichholzschachteln zu Mitbringseln zu verarbeiten, ist ein Ferienvergnügen. Es macht nach meiner Erfahrung den meisten Leuten Spaß, im Urlaub irgend etwas zu sammeln. Zum Beispiel Strandgut. Kleine Stücke – Muscheln, Schnecken, Steine, Fundstücke aller Art – klebt man in Streichholz- oder andere Schachteln, die man vorher innen mit Farben oder Bildern (Fotos, Ausschnitte aus Postkarten oder Zeitschriften) ausgestattet hat.

Mini-Theater (von Seite 20/21)

Aus Streichholzschachteln können auch kleine Guckkästen mit eingebauten Szenen werden. Die Miniaturfigürchen im richtigen Format finden Sie in Spielzeugläden (Abteilung „Eisenbahn"). Zuerst das „Bühnenbild" in die Schachtel malen oder kleben. Dabei die Vorderkanten der Schachtel miteinbeziehen, damit die Szene Tiefe bekommt. Dann die Figürchen einkleben – eine Arbeit, die man sich mit einer Pinzette erleichtern kann.

Für Kugel-
sammler

In beinahe jedem Menschen steckt ein Sammler. Manche wissen es nur noch nicht. Schon möglich, daß Sie mit Ihrer Kugel den Grundstock für eine Sammlung legen.

Das brauchen Sie:

Zum Benageln oder Umwickeln: Styroporkugeln von 8–12 cm Durchmesser (Heimwerker- oder Gartenbedarf). Je nach Machart: etwa 200 Zierpolsternägel (Raumausstatter), 500 bis 700 g Dachpappennägel (Eisenwaren), Schnur, Draht, Binder- und Acrylfarben, Styroporkleber. Zum Bemalen: Holzkugeln (Heimwerkermarkt oder Tischlereizubehör), Acrylfarben, feines Schleifpapier und Pinsel.

So wird's gemacht:

Wenn Sie eine Styroporkugel mit Schnur oder Kordel umwickeln, zunächst nur eine kleine Fläche mit Klebstoff einstreichen, Schnur spiralförmig dicht an dicht auflegen und fest werden lassen. Dann portionsweise so weitermachen. Wenn die Schnur zu locker sitzt, anfeuchten. Sie zieht sich dann fester, außerdem nimmt sie feucht besser Farbe an. Eine Styroporkugel, die mit Nägeln gespickt wird, vorher zweimal dick mit Binderfarbe einstreichen. Kugel auf eine Stricknadel spießen, sie dann rundum bearbeiten. Oder auf eine Tasse setzen: Erst die obere Hälfte bemalen, umdrehen, dann die untere Hälfte anpinseln. Polster- oder Dachpappennägel mit der Hand eindrücken (Handschuhe anziehen!). Über die Nägel – wenn's gefällt – etwas Farbe und Goldlack wischen. Eine vorgestrichene Styroporkugel mit Draht umwickeln: Die Drahtenden zu Beginn 2–3 cm tief in die Kugel drücken. Holzkugeln bemalen: Nach dem ersten Farbanstrich mit Schleifpapier glätten und noch einmal mit Farbe übermalen. Dann mit Stiften oder einem Pinsel Figuren oder Ornamente auftragen.

Nur zum Spaß: Kugeln bemalen, bespannen, benageln

Aus Papier und Kleister

Eine hauchfeine Papierschale können Sie mit Süßigkeiten oder mit anderen Erfreulichkeiten füllen. Basteln Sie gleich ein paar Schalen auf Vorrat!

Das brauchen Sie:

Als Form einen Plastikball oder einen prall aufgeblasenen Luftballon. Zum Einreiben der Form Vaseline. Außerdem feines Papier (Seidenpapier, dünnes Zeitungspapier, Japanpapiere), Tapetenkleister, Pinsel, Schere und eventuell Farben.

Die Außenmethode:

Ball oder Ballon in ein standfestes Gefäß stecken. Die obere Hälfte hauchdünn mit Vaseline einfetten. Papier in Streifen reißen oder schneiden. Je dünner das Papier, desto breiter können die Streifen sein (3–8 cm). Die Streifen nach und nach so mit Leim einstrei-

Die Außenmethode: Papierstreifen über Ball oder Ballon kleben.

Aus dünnen Papieren: Schalen, so zart wie China-Porzellan

Muster entstehen durch bedrucktes Papier (Obsttüte) oder mit Pinsel und Acrylfarbe

chen (Tapetenkleister dick anrühren), daß sie gut durchfeuchtet sind und quer über Ball oder Ballon kleben. Mit den Fingern glattstreichen. Die zweite Papierschicht längs aufkleben. Das Papier gut verstreichen, dabei Luftblasen vorsichtig wegmassieren. Nach zwei bis drei Schichten den Kleister gut zwei Tage trocknen lassen. Weiterkleben, bis sich die trockene Papierschicht mit dem Finger nicht mehr eindrücken läßt. Dann das Ganze von der Form abziehen und mit der Schere den Rand begradigen. Eventuell aus einem dünnen Papierwulst und Leim einen Standsockel an-

Schalen, die nicht halbkugelförmig werden sollen. Die Schüssel (oder der Topf) muß vor dem Auskleistern mit Vaseline eingefettet werden, damit sich das Papiermaché später aus der Form lösen läßt. Papierstreifen dann wieder schichtweise abwechselnd längs und quer kleben: erst von der Mitte zum Rand, dann im Kreis. Zwischendurch immer wieder glattstreichen. Die ersten drei Schichten durchtrocknen lassen und dann noch einmal zwei bis drei Schichten darüberkleben, damit die Schalen stabil werden. Das gilt vor allem für größere Formate. Wenn das Maché trocken und fest ist, die Form vorsichtig durch Drehen lösen und herausheben. Anmalen oder farblos lackieren.

Die Innenmethode: Als Form dient eine Schale oder Schüssel

kleben. Die fertige Schale können Sie lackieren, bemalen, innen vergolden oder so lassen wie sie ist.

Die Innenmethode:

Sie können auch die Innenseite einer Schüssel als Form verwenden. Das ist günstig bei großen Formaten und für

Wozu Korken gut sind

Als Sektkorken hat er angefangen

Der italienische Künstler Roberto Spadoni ist ein großer Resteverwerter.
Seine mit alten Eisenwaren gespick-
ten Korkenfiguren sind begehrte Ob-
jekte. Wer weniger Talent und Geduld
hat, kann es sich aber auch einfacher
machen, wie der Sektkorken mit dem
Zifferblatt zeigt. Mal ausprobieren?

Das brauchen Sie:

Jede Menge möglichst große, möglichst gut erhaltene Sektkorken und
eine Sammlung Kleinschrott, wie
Schrauben, Nägel, Schraubenmuttern,
Ziernägel, Blechteile, Kronkorken usw.
Oder kleine Fundstücke: Schnecken-
häuser, Steine, Perlen, Schmuckreste,

Die Zeit ist stehen geblieben

Uhrenteile. Außerdem: Hammer, verschiedene Bohrer, ein gutes Messer, Klebstoff und eventuell Farben.

So wird's gemacht:

Alle Schätze ausbreiten und einfach ausprobieren, was zusammenpaßt und zusammenhält. Falls ein Korken anfängt zu bröseln, wenn Sie Eisenteile hineinstecken, können Sie mit Alleskleber nachhelfen. Löcher für größere Schrauben vorbohren. Es gehen sicher erst einmal einige Exemplare drauf, bis sich Erfolge zeigen. Wenn Sie sich dabei ertappen, daß Sie den Sekt wegen des Korkens trinken – aufhören!

Harte Schale , weicher Kern

Mutmaßlicher Pinguin

Ein Floß aus Korken

Das brauchen Sie:

Etwa 130 Korken für ein stattliches Floß (mehr können Sie nicht verarbeiten, sonst wird das ganze unstabil), Zahnstocher, Klebstoff, Leisten, Bambusstöcke für Mast und Fahnenstange, eine Schrauböse, einen kleinen S-Haken, etwas Stoff für das Segel, eine dünne, aber feste Schnur, kleine Nägel.

So wird's gemacht:

Je zwölf Korken werden zu einem „Stamm" verbunden und zehn Stämme zum Floß. Sie können die Korken mit Klebstoff verbinden, am besten, Sie verdübeln sie außerdem mit Zahnstochern. Dafür bohrt man die Korken an den Stirnseiten an und dübelt sie dann mit etwa 25 mm langen Zahnstocherstücken zusammen. Die Stämme werden aneinandergeklebt und seitlich mehrfach miteinander verdübelt. Oder Sie verbinden sie mit Holzleisten, die Sie vorn und hinten quer über das Floß nageln und zusätzlich festbinden. Mast und Fahnenstange werden etwas versenkt, festgeklebt und dann noch mit Schnur „vertäut". Die Schnur läuft durch die Schrauböse an der Mastspitze. Das buntbemalte Segel wird an zwei Stöcke geklebt und

*Das stattliche Floß ist – je nach Ladung –
nicht nur ein Geschenk für Kinder!*

mit einer umlaufenden Schnur und S-Haken am Mast aufgehängt. Dann wird das Floß beladen: mit einem Sack voll Münzen, falls es sich um ein Pira-tenschiff handelt, oder mit anderen Geschenkgütern. Die links und rechts am Floß festgebundenen Korken auf dem Foto stellen Trinkwasserfässer dar.

Sticken

Leute, die gern sticken, sind um Geschenke selten verlegen. Beispiel: Ein Brombeerzweig ist ziemlich schnell gestickt. Er verwandelt ein Geschirrtuch in eine ganz persönliche Gabe. (Anleitung nächste Seite)

Zierhandtücher

Ein Küchenhandtuch besticken, das dauert nicht lange, beeindruckt aber sehr. Noch mehr, wenn Sie ein Glas Brombeer- oder Hagebuttenmarmelade mitschenken.

Das brauchen Sie:

Ein Baumwoll- oder ein Leinenhandtuch, (gestreift oder kariert), pro Motiv 25 x 25 cm Organza. Für die Hagebutten: je 1 Docke Sticktwist in 2 Gelbtönen, 2 Rottönen, 3 Grüntönen und in 2 Brauntönen. Für die Brombeeren: Twist in 3 Lila- bis Brombeerfarben, 3 Grüntönen und hellem Oliv. Dazu Pergamentpapier und Stickrahmen.

So wird's gemacht:

Die Konturen der Ranke nach den Stickbildern auf S. 38 oder 39 mit Bleistift auf den Organza durchzeichnen. Den Organza mit ein paar Stichen auf das vorgewaschene Handtuch heften, beides in einen Stickrahmen spannen und zweifädig aussticken: Stengel und Stiele im schrägen Platt-

Knötchenstich:
Von unten hochstechen, Faden mehrfach um die Nadel wickeln und knapp neben dem Ausstich wieder einstechen. Den Faden dabei mit der linken Hand halten, bis das Knötchen festsitzt

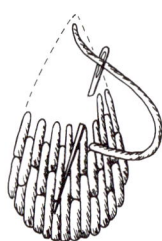

Plattstich:
Mit dem ineinandergreifenden Plattstich schafft man Farbschattierungen. Dabei stickt man mit einer neuen Farbe jeweils in die Lücken der andersfarbigen Vorreihe. Man beginnt außen mit der Kontur des Stickmotivs

Das bestickte Tuch kommt als
Serviette oder Set auf den Tisch

Brombeerranke in Original-
größe zum Nachsticken

stich, Blätter und Hagebutten in verschiedenen Farbschattierungen in ineinandergreifendem Plattstich. Die Blattadern zum Schluß im Stielstich, die Brombeeren in verschiedenen Violettönen im Knötchenstich arbeiten. Zum Schluß den Organza rund um die Stickerei abschneiden und restliche Fäden mit der Pinzette auszupfen.

Variationen zum Thema

Ein besticktes Handtuch ist zu fein für den gewöhnlichen Küchendienst, macht sich aber gut auf dem Tisch – als Riesenset oder als eine Art Tischläufer, als große Serviette oder als Decke für Tablett und Brotkorb. Aus mehreren Handtüchern gleicher Art können Sie eine große Tischdecke zusammensetzen, die nur vereinzelt bestickt wird. Außerdem lassen sich Handtücher zu Kissenhüllen verarbeiten, zu Küchengardinen oder zu Beuteln. Und schließlich gibt es auch gar keinen Grund, die Beeren nur auf Handtücher zu sticken. Sie wirken allerdings am besten – finde ich – auf einem Untergrund, der ein feines Muster hat (wie Streifen oder Karos), der aber nicht so lebhaft ist, daß er mit der Stickerei konkurriert.

Zweig mit Hagebutten zum Abzeichnen und Nachsticken

Monogramme – die erfolgreichsten Stickmuster

Monogramme machen gekaufte Geschenke persönlich.
Hier gestickte Buchstaben (Zeichenvorlage auf Seite 44).

Das brauchen Sie:

Wenn Sie nicht nach eigenem Entwurf sticken, vor allem ein Stickmuster. Alphabete zum Nachsticken gibt es jede Menge in Büchern, Zeitschriften, Handarbeitsgeschäften und auf Seite 44. (Die Größe der Buchstaben läßt sich durch Fotokopieren verändern.) Außerdem brauchen Sie Sticktwist, Pergamentpapier, Schneiderkopierpapier, eventuell etwas Organza (wozu, wird gleich erklärt), Nadel, eine feine Schere und einen Stickrahmen.

So wird's gemacht:

Pausen Sie die Buchstaben auf Pergament durch. Mit Hilfe von Schneiderkopierpapier können Sie sie dann direkt auf den Stoff übertragen, in den Stickrahmen einspannen und nachsticken. Wenn Ihr Stoff keine feine glatte Oberfläche hat, Sie aber sehr genau arbeiten wollen, empfiehlt sich die Organzamethode: Dabei werden die Buchstaben mit Bleistift auf ein reichlich stickrahmengroßes Stück Organza durchgezeichnet, der Organza wird als Vorlage auf dem Stoff festgeheftet. Beides in den Stickrahmen einspannen und nachsticken. Anschließend den Organza ringsum knapp abschneiden, den Rest mit einer Pinzette aus der Stickerei ziehen. Die Buchstaben sticken Sie – je nach Größe – mit einem Faden bis maximal vier Fäden Twist im schräg verlaufen-den Plattstich, alle Linien im Stielstich.

Sollen zwei Initialen so ineinandergreifen, daß ein Ornament entsteht, müssen Sie die Buchstaben einzeln auf je ein Stück Pergament zeichnen, die beiden Papiere übereinanderlegen und so lange verschieben, bis Ihnen das Ergebnis gefällt. Nun die Lage mit Klebestreifen fixieren und dann die Konturen durchzeichnen.

Monogramme vergrößern

Wenn man ein Monogramm ins Riesenhafte vergrößert, dann wird ein Ornament daraus, das – wie rechts zu sehen ist – ein Kissen herausputzen kann. Vergrößern geht am besten mit einem Kopierer. Man paust den oder die Buchstaben mit Filzschreiber auf Pergamentpapier durch und bringt die Zeichnung mit dem Fotokopierer auf die gewünschte Größe (Copy-Shops finden Sie im Branchenbuch). Die kopierten Großbuchstaben können Sie dann auf eine Kissenplatte übertragen. Dafür brauchen Sie: Vliesofix (eine Art aufbügelbares Haftmaterial), dünnen weißen Baumwollstoff, dickes Stickgarn, Nähgarn und natürlich den Kissenstoff (hier ist's Leinen). Übertragen Sie die vergrößerten Buchstaben mit Schneiderkopierpapier einmal auf die Kissenplatte und außerdem – seitenverkehrt – auf die Pergamentseite eines entsprechend großen Stücks Vliesofix. Das Vliesofix dann auf die linke Seite von dünnem weißem Baumwollstoff aufbügeln, die Monogrammteile ausschneiden, auf die vorgezeichneten Stellen des Kissen-Monogramms aufbügeln, dann mit Zickzackstichen aufkanteln. Zum Schluß noch alle Konturen des Monogramms mit dickem Garn im Stielstich so übersticken, daß sie auffallen und plastisch wirken.

Leinenkissen (40 x 40 cm) mit den Initialen H
und S aus dem Alphabet von Seite 11

Die gewünschten Buchstaben durchzeichnen
und mit dem Fotokopierer vergrößern

Monogramm auf Glas

Da wir gerade bei Initialen sind und eine Schablone zur Hand haben: Buchstaben können Sie auch in Glas ritzen oder in Holz einbrennen. Um beim Glas zu bleiben: Es gibt einfache Gravierstifte mit Diamantspitze, die sich für Anfänger am besten eignen, und elektrische Graviergeräte für Fortgeschrittene. Als Vorlage bringen Sie ein Initial auf die richtige Größe und befestigen es dann mit Klebefilm an der richtigen Stelle auf der Innenwand des Glases. Jetzt erst mit dem Gravierstift (ohne Druck beim elektrischen Gerät!) die Konturen nachritzen, dann die Flächen stricheln. Am besten vorher auf einer Scherbe üben!

Mit einem elektrischen Graviergerät wurde das F ins Glas geritzt

Monogramme auf Holz

Einbrennen geht ähnlich wie Einritzen. Elektrische Brennstäbe gibt's im Hobbyhandel. Nehmen Sie für den Anfang am besten weiches, nicht zu lebhaft gemasertes Holz, Brotbrettchen aus Kiefernholz zum Beispiel. Die Oberfläche, wo nötig, mit mittelfeinem Schmirgelpapier schleifen, den oder die Buchstaben mit Bleistift auf das Holz zeichnen und mit dem Brennstab die Konturen nachbrennen. Flächen entweder punktieren oder stricheln. Den Brennstab hält man dabei wie einen Schreibstift.

Peter bekommt das alte Holzbrett. Sein Initial wird eingebrannt

Bei diesem Strauß wird appliziert, gemalt und gestickt

Die Decke mit der Rose

Im Mittelpunkt eines Straußes prangt eine dicke Rose. Die ist nach der Schemazeichnung (nächste Seite) ausgeschnitten und appliziert. Blumen und Blätter drumherum sind teils gemalt, teils aufgenäht oder gestickt. Der Strauß ist also eine Näh-Stick-Mal-Arbeit, die auf einem Kissen, einem Bettüberwurf (in größer!) und auf einem Kinderbett genausogut vorstellbar ist, wie auf der Tischdecke – entweder ganz oder in Form von einzelnen Blüten und Ranken.

Das brauchen Sie für eine Tischdecke:

Groben Nessel oder Malerleinen je nach Größe des Tisches, eventuell Molton als Futter, Seide oder dünnen Baumwollstoff für die Applikationen, aufbügelbares Vliesofix, Textilmalfarben, Stickgarn, Pergament- und Schneiderkopierpapier.

So wird's gemacht:

Alle Stoffe vorwaschen, damit es nicht nachträglich Schwund gibt! Die Rosenblüte (Zeichnung Seite 48) auf Pergamentpapier durchpausen und mit Hilfe von Schneiderkopierpapier auf Stoff übertragen. (Wie bei allen

*Die Schemazeichnung kann man
auf dem Kopierer vergrößern*

Schemazeichnungen gilt auch hier: Sie können die Rose durch Kopieren vergrößern oder verkleinern!) Schneiden Sie die Blütenblätter und Blätter mit etwas Nahtzugabe aus, wenn Sie mit der Hand arbeiten, bei Maschinenarbeit geht's ohne besser. Heften Sie die Einzelteile auf den Deckenstoff, und umkanteln Sie alle Blütenteile mit der Maschine oder mit der Hand. Geduld brauchen Sie in beiden Fällen. Es sieht gut aus, wenn sich die Blüte etwas erhaben von der Decke abhebt. Das erreichen Sie, indem Sie entweder die Einzelteile vor dem Aufsteppen mit Molton (oder Vlies) unterlegen oder indem Sie die ganze Decke mit Molton füttern und einzelne Nähte zum Schluß noch einmal durch alle Schichten hindurch nachsteppen. Soll die Blüte sehr plastisch werden, nähen Sie die Teile auf, schneiden dann von der Rückseite je ein kleines Loch in den Deckenstoff und stecken durch das Loch etwas Füllvlies als Wattierung zwischen Decke und Applikation. Die Öffnung dann mit der Hand schließen. Blumen, die ganz flach auf

der Decke sitzen sollen, können Sie vor dem Aufnähen mit beidseitig klebendem Vliesofix aufbügeln. (Motiv erst seitenverkehrt auf die Papierseite von Vliesofix aufzeichnen, auf die Rückseite des Stoffes aufbügeln, die Blüte ausschneiden und auf den Deckenstoff bügeln. Dann nähen.)

Wenn die Rose plaziert ist, beginnt Ihr eigenes Design. Vielleicht setzen Sie eine zweite Rose dazu oder Sie zeichnen sich rundherum Blüten, Stiele und Blätter auf, die Sie dann mit Stoffmalfarbe oder mit Stickgarn ausarbeiten. Sie können auch Blüten aufmalen und die Konturen sticken.

Zum Sticken nehmen Sie am besten geteilten Sticktwist und arbeiten mit zwei bis vier Fäden, je nach Größe des Motivs. Flächen im Plattstich sticken, Konturen und Stiele im Stielstich.

Zum Malen die Farbe nicht oder kaum verdünnen, damit die Ränder nicht auslaufen. Wenn Sie Ihrer Malfertigkeit nicht trauen, machen Sie sich Druckstempel (aus Kartoffeln zum Beispiel) von Blüten und Blättern, und drucken Sie die Farben auf.

Zur ewigen Erinnerung

Crazy-Quilt nennen die Amerikaner diese Art von Flickenverwertung. Crazy (verrückt) deshalb, weil die Flicken wild und nicht ordentlich zusammengesetzt werden. Der Witz bei dem Kissen: Man nimmt möglichst nur Stoffreste, die mit irgendeiner Erinnerung für den Menschen verbunden sind, der das Kissen haben soll. Zum Schluß wird das Flickwerk bestickt.

Das brauchen Sie:

Möglichst viele waschbare Stoffreste, als Untergrund Molton (vorwaschen!), Stickgarne in passenden Farben, eventuell Stoff für die Rückseite und ein nicht zu kleines Kissen.

So wird's gemacht:

Für dieses sehr persönliche Geschenk gibt es keine genaue Anleitung. Man muß die Flicken nehmen wie sie kommen und sie entweder erst auf dem Untergrund zurechtlegen und in der passenden Mischung feststecken oder sich spontan von Flicken zu Flicken voranarbeiten. Nähen Sie – Stück um Stück – die Flicken mit der Hand schuppenartig auf den Untergrund, und zwar so, daß sie einander jeweils ca. 1 cm breit überlappen. Erst zum Schluß werden die Nähte mit Zierstichen gut sichtbar überstickt und einzelne Flicken mit Stickerei oder Applikationen bebildert.

Das Thema dieses Kissens ist die Erinnerung an eine Spanienreise

Ein Platz für Tiere

Die ganze Decke wird mit der Hand gemacht, und die Stickerei ist tatsächlich kinderleicht. Wie viele Figuren – also Tiere und Pflanzen – Sie über die Decke verteilen, bleibt ganz Ihnen überlassen. Für die wichtigsten Tiere finden Sie Schemazeichnungen auf der nächsten Seite. Daneben bleibt genug Platz für eigene Einfälle und Entwürfe. Vielleicht lassen Sie sich beim Entwurf auch von Kindern helfen, denn Kinder sind im Tierezeichnen absolut unübertroffen.

Das brauchen Sie:

Für eine Kinder-Bettdecke (114 x 134 cm) sind 2,50 m Baumwollstoff nötig, 140 cm breit, dazu 114 x 134 cm Volumenvlies (Meterware), bunter Sticktwist oder Perlgarn, einige Bogen Pergamentpapier und kunterbunte, waschechte Stoffreste. Alle Stoffe, auch die Reste, am besten vorwaschen!

So wird's gemacht:

120 x 140 cm Stoff für die Deckenoberseite zuschneiden, für die Unterseite 114 x 134 cm. Bei der Oberseite ringsum 11 cm vom äußeren Rand entfernt einen Heftfaden einziehen. Innerhalb dieser Begrenzung können Sie nun so viele Motive anordnen, wie Sie wollen. Dafür zeichnen Sie die Schemazeichnungen (nächste Seiten) auf Pergament beliebig oft nach, vergrößern sie nach Bedarf und schneiden die Figuren aus. Auf der Decke anordnen, die Zeichnungen feststecken und dann ein Tier nach dem anderen in Angriff nehmen: Erst die Konturen mit Bleistift auf den Stoff übertragen (freihändig oder mit Schneiderkopierpapier), dann mit farbigem Stickgarn in ganz einfachen Vorstichen nachsticken. Sie ziehen dabei also nur die Umrisse der Tiere mit farbigen Stickgarn nach. Sie müssen nur darauf achten,

Diese Decke ist ganz einfach zu sticken. Und dabei ist sie, wie ein Bilderbuch, voller exotischer Tiere, Palmen und Blumen – wie es Kindern gefällt

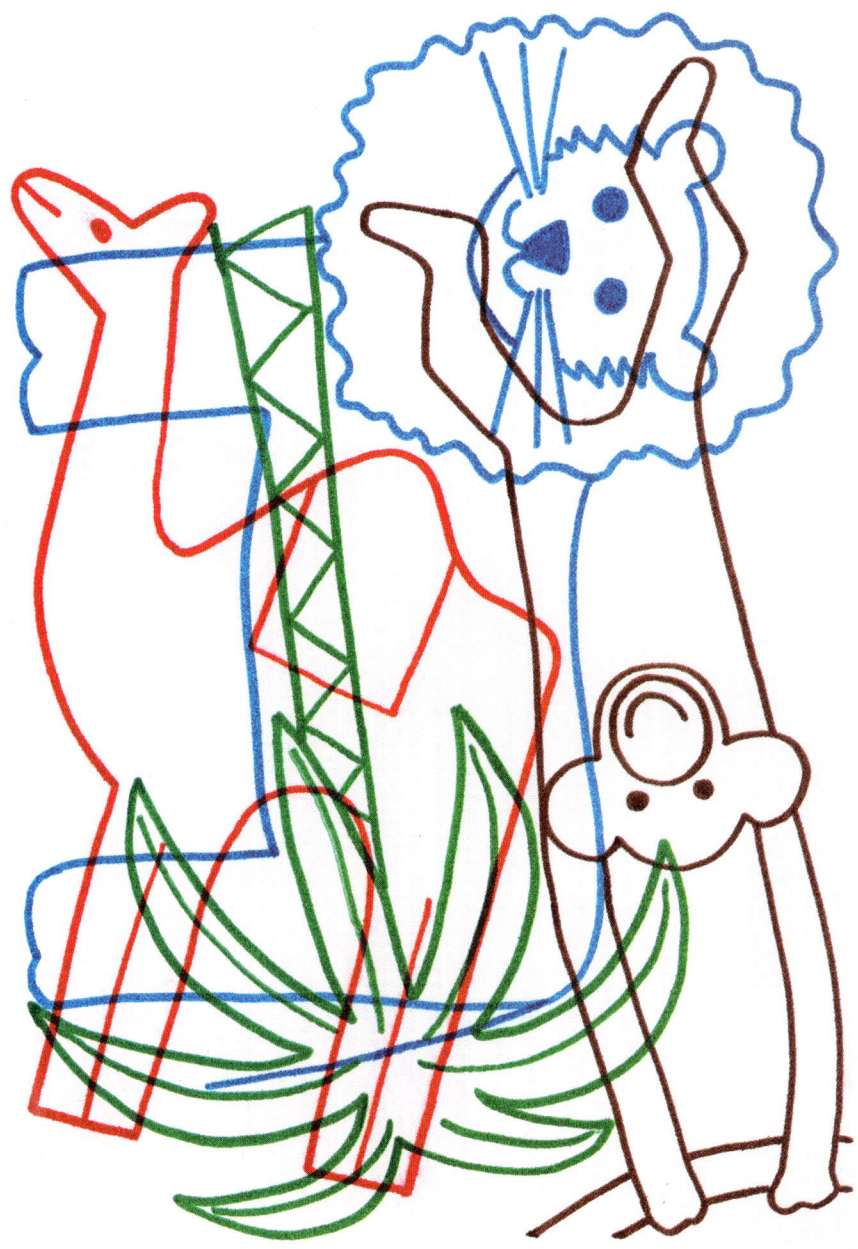

Zum Durchzeichnen: Hier sind: Löwe, Kamel, Affe und Palme

Hier finden Sie: Krokodil, Elefant, Tiger und Papagei

daß die Abstände zwischen den Stichen klein sind, damit das Bild nicht
zu schwach wird. Hier und da bringt
ein Stückchen Stoff zusätzlich Farbe
ins Bild, zum Beispiel eine bunte Sat-
teldecke oder eine applizierte Blüte.
Wenn ein Tier oder Baum fertig ist,
kommt das nächste Bild dran. Die
Zwischenräume können Sie später mit
Blumen und Pflanzen nach eigenen
Entwürfen füllen. (Vielleicht noch den
Namen des Kindes einsticken?) Entlang des Heftfadens sticken Sie zum
Schluß einen bunten Rahmen in verschiedenen Farben und Mustern.
Wenn Sie mit der Stickerei fertig sind,

rundherum einen 3 cm breiten Saum
nach links bügeln, das Volumenvlies
auf die Rückseite der bestickten
Oberseite legen, den Saum darüber-
schlagen, die Ecken kuvertartig falten
und alles zusammenheften. Von rechts
mit ein paar zusätzlichen Zierstichen
das Vlies leicht mitfassen, damit es
nicht mehr verrutschen kann. Dann
den Futterstoff so auf die Rückseite
des Vlieses heften, daß ringsum ein
1,5 cm breiter Rand bleibt und mit
kleinen Hohlstichen annähen. Von
rechts die Kanten 1 cm von außen mit
großen Vorstichen durch alle Stoff-
lagen hindurch absteppen.

Malen auf Stoff

Wer malt, kann seine Stoffe selbst entwerfen.
Für diese Gartenkissen haben alte Fliesen Pate
gestanden, die man gut nachmalen kann.
(Anleitung auf der nächsten Seite)

Fliesenkissen und Engeldecke

Ob Sie frei oder nach Vorbild malen – Textilmalfarben lassen sich mischen, Farbtöne gibt es also genug. Die bemalten Stoffe bleiben waschbar, werden aber mit der Zeit blasser. Sie sind etwas steif, weil die Farbschicht auf der Oberfläche haftet. Für die Muster auf unseren Kissen auf der vorigen Seite haben auf Reisen fotografierte Fliesenmuster, die einfache und leicht zu kopierende Ornamente hatten, als Vorbild gedient. Wenn man ein Malmuster in der richtigen Größe braucht, läßt man am besten Fotokopien entsprechend vergrößern. Danach kann man sich dann Schablonen zeichnen und schneiden.

Das brauchen Sie:

Stoffmalfarben gibt es in kleinen Flaschen, die für eine Fläche von etwa 50 x 50 cm ausreichen. Sie decken nicht sehr gut. Es ist also wirkungsvoller, dunkel auf hell zu malen, als umgekehrt. Außer Farben und Stoff brauchen Sie Bleistift, Lineal, feine und gröbere Pinsel, eine Schale zum Mischen und eine Malvorlage (zum Beispiel: Fliesenprospekte). Der Stoff muß vorgewaschen sein.

So wird's gemacht:

Kissen zuschneiden, dann Stoff auf einer ebenen, mit Folie abgedeckten Fläche feststecken und das Malmuster vor-

zeichnen. Portionsweise bemalen. Zwischendurch trocknen lassen. Möglichst unverdünnte Farbe nehmen und Begrenzungen vorher mit Klebestreifen abkleben, damit der Pinsel nicht ausrutschen kann. Dann nach Gebrauchsanweisung verfahren. (Farben werden durch Bügeln fixiert.)

Die Engeldecke

Hier haben mehrere kleine Künstler gemalt. Jeder Engel entstand auf einem eigenen Stück Stoff, wurde ausgeschnitten, dann auf der großen Decke plaziert und festgenäht. So hat man die Gesamtkomposition besser im Griff. Beim Malen brauchen Kinder keine Hilfe. Ausschneiden ist allerdings sehr knifflig, und das Aufkanteln sollten von vornherein lieber große Künstler übernehmen. Dabei kann man noch Farben nachbessern und hier und da mit ein paar Stickstichen Akzente setzen. Die Malmotive selbst sind vom Geschenkanlaß abhängig. Engel haben eine begrenzte Saison. Es könnten auch Familienangehörige sein, die hier porträtiert werden oder Erinnerungen an eine Reise. Die persönlichen Details machen so ein Sammelgemälde besonders liebenswert.

Die Kleinen malen Engel, die Großen schneiden sie aus und nähen sie auf

Das Geschenk: ein bemaltes Bettuch. Jeder darf mitmalen!

Das Gästetuch

Dieses Tuch ist Ersatz für ein Gäste-
buch und hat folgende Vorgeschichte:
Ein Ehepaar, das gern und oft Gäste
hat, bat alle, zum Abschied eine kleine
Malerei auf dem weißen Tuch zu hin-
terlassen. Unter den Gästen waren
Künstler, wie man unschwer sehen
kann. Aber das soll niemanden entmu-
tigen. Die bunte Fülle macht am Ende
die Musik. Wer nicht malt, schreibt
mit dem Textilmalstift. Dieses Unternehmen ist insofern geschenkträchtig,
als man auf diese Weise ein Gemeinschaftsgeschenk fabrizieren kann, zusammengesetzt aus lauter Einzelepiso-
den, die den Betreffenden angehen.

Das brauchen Sie:

Ein großes weißes Baumwolltuch
(evtl. Laken), genügend Pinsel, Textilmalfarben und Stifte, Bleistifte und
vor allem Leute, die mitmachen und
Spaß daran haben.

So wird's gemacht:

Den Untergrund gut abdecken, damit
die Farben nicht durchnässen. Motive
eventuell vorzeichnen. Pro Farbe einen Pinsel nehmen. Die Sache wird
meist einfacher, wenn jeder Maler ein
eigenes kleines Tuch bekommt. Zum
Schluß werden dann – wie bei der Kin-
derdecke auf Seite 59 – die kleinen
Tücher auf das große appliziert.

Malerei nach Kreuzstichmuster

Vorbild: Sträußchen aus einem alten Stickbuch

Wer mit dem Pinsel nicht gerade begabt umgeht, wagt sich vielleicht mit einer genauen, sozusagen liniengetreuen Vorlage ans Stoffmalen. Diese Vorlage kann ein Kreuzstich-Stickmuster sein.

Das brauchen Sie:

Ausreichend Textilmalfarben (ein Anhaltspunkt: eine kleine Flasche reicht für etwa 1/4 Quadratmeter), einen feinen und einen gröberen Pinsel mit steifen Borsten (am besten für jede Farbe einen Pinsel), für Feinarbeiten: Stoffmalstifte, Lineal und Bleistift, eventuell Klebestreifen, ein passendes Kreuzstichmuster und die entsprechende Menge eines vorgewaschenen gut waschbaren glatten Stoffs.

So wird's gemacht:

Die Kästchen des Stickmusters auszählen und ausrechnen, um wieviel größer sie für Ihr geplantes Malwerk sein müssen. Stoff auf Tisch oder Fußboden glatt auflegen, eventuell mit Heftzwecken halten, dann das Gitter mit Lineal und Bleistift aufzeichnen

So sieht das Sträußchen aus, wenn man es auf Vorhanggröße bringt

und die Farbverteilung markieren. Malen von größeren Teilen geht leichter, wenn man den vorgezeichneten Stoff glatt an die Wand heftet (Folie drunter, damit die Farbe nicht durchschlägt!). Wer Schwierigkeiten hat, die Kästchen sauber mit Farbe auszufüllen, sollte die Ränder mit Klebestreifen abkleben. Farbe nur so wenig verdünnen wie nötig, damit sie im Stoff nicht ausläuft!

Geschenke, die auf diese Weise entstehen können: Von der Miniaturmalerei auf einem Taschentuch oder Beutel (auch Initialen kann man so malen!)

Hier hat sich ein kleiner Kranz zu einem bunten Muster für eine Decke ausgewachsen

Unten ist das Veilchen – bis zur Unkenntlichkeit vergrößert – auf ein Kissen gemalt und abgesteppt

bis zu größeren Kästchengemälden auf Decken, Kissen und Vorhängen. Bei größeren Formaten muß man natürlich ganz sicher sein, daß das Geschenk auch wirklich dem Geschmack entspricht. Ab einer gewissen Größe wird Stoffarbe vielleicht zu teuer und auch zu steif. Dann kann man nach den gleichen Vorlagen Patchwork-Muster nähen.

Alternative: Patchwork

Nach dem vorgegebenen Muster mit Schablone kleine Stoffquadrate in entsprechenden Farben zuschneiden, auslegen, reihenweise zusammenstecken und -steppen. Dann mit Molton unterlegen und die Nähte durch beide Schichten noch einmal nachsteppen.

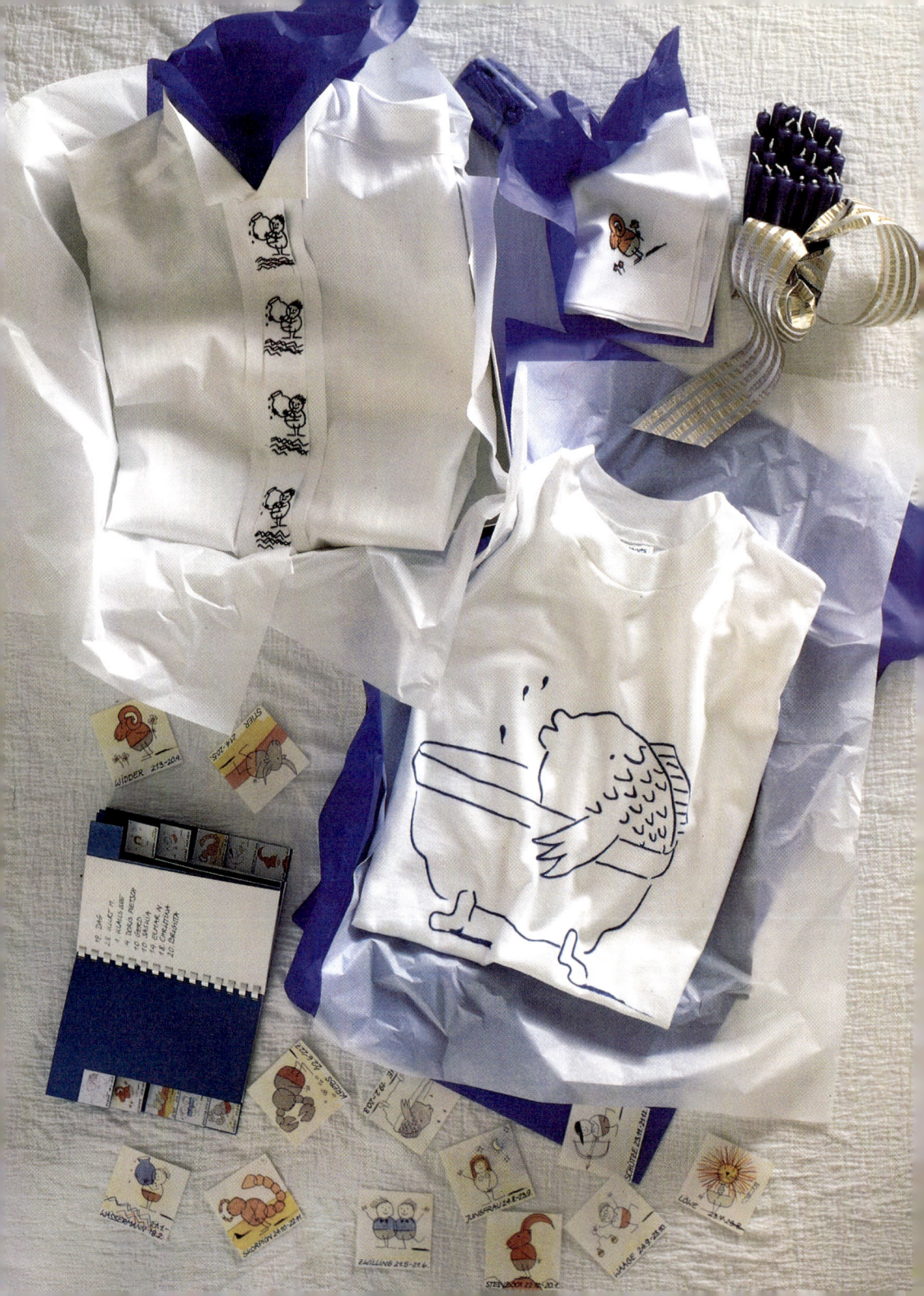

T-Shirts oder Hemden mit Sternzeichen

Sternzeichen sind zu persönlichen Merkmalen geworden. Da kann man sie auch gleich offen auf dem Hemd oder T-Shirt tragen. Wilhelm Schlote hat sie für BRIGITTE so gezeichnet, daß niemand das tierisch ernst nehmen kann. Er findet, daß seine Strichmännchen am besten so klein aufs Shirt gemalt werden sollten, wie er sie gezeichnet hat (siehe nächste Seiten), egal, ob auf Vorder- oder Rückseite, Kragen oder Ärmel. Das sollte Sie aber nicht hindern, Sternzeichen zu vergrößern (siehe Fisch auf dem T-Shirt), wenn Ihnen das besser gefällt.

Das brauchen Sie:

Am besten weiße T-Shirts oder Hemden, Stoffmalfarbe (mit feinem Pinsel) oder einen Stoffmalstift, Pergament- und Schneiderkopierpapier und das passende Sternzeichen als Vorlage.

So wird's gemacht:

Nach der bekannten Übertragungsmethode (auf Pergament durchzeichnen, mit Kopierpapier übertragen) das zutreffende Sternzeichen auf T-Shirt oder Hemd plazieren, vielleicht sogar mehrfach (siehe Knopfleiste auf dem Foto). Die Konturen mit Textilmalfarbe dünn nachziehen und – wenn's gefällt – die Figürchen zart einrahmen und leicht kolorieren. Wenn Sie eine Figur vergrößern wollen: zum Kopieren bringen! Und wenn Sie einem Bild mehr Dauer geben möchten, Konturen im Stielstich mit nur einem Faden fein nachsticken.

Geburtstagsbuch

(auf dem Foto links unten). Auch dafür kann man Schlote-Figürchen verwenden. Abzeichnen oder kopieren und in ein registerförmig zurechtgeschnittenes Notizbuch einkleben, das an alle Geburtstage erinnert.

Das persönliche Sternzeichen auf T-Shirt, Hemd, Taschentuch oder als Register in einem Geburtstagsbuch

Steinbock

Wassermann

Stier

Zwillinge

Jungfrau

Waage

Fische

Widder

Krebs

Löwe

Skorpion

Schütze.

Malen auf Holz

So fein und liebevoll bemalt – da kann man den ältesten oder simpelsten Stuhl verschenken! Zum Üben sollten Amateurmaler allerdings mit Spanschachteln anfangen.
(Die Zeichnung zum Dorf steht auf Seite 75)

Das ist mein Stuhl

Die Münchnerin Cornelia von Seidlein
bewahrt die handbemalten Stühle ihrer Großmutter in liebevoller Erinnerung. Heute malt sie selbst. Wer einen
Stuhl von ihr gemalt bekommt, kann
sich freuen. Hier sind zwei davon.

Das brauchen Sie:

Einen robusten Stuhl, am besten einen alten, der viel Malfläche bietet
und bequem ist. Außerdem einen
Haftgrund, Primer genannt, Acryllack
in der gewünschten Farbe, einen soge-

*Maus und halbes Namenschild auf Pergament-
papier abzeichnen und gegengleich ergänzen*

Dieser Stuhl gehört ein für allemal dem Herrn C.H.M.
Namensschild mit Mäusen zum Abzeichnen siehe links

Hier noch einmal der ganze Stuhl von Seite 70.
Die Zeichnung dazu sehen Sie rechts

nannten Anlauger (ist nicht ätzend!), Deckfarben mit Pinseln, farblosen Lack, Schmirgelpapier, eventuell Pergamentpapier und Kopierpapier.

So wird's gemacht:

Den alten Stuhl säubern, Unebenheiten abschleifen und mit dem Anlauger (Anleitung auf der Tüte) überpinseln. Als nächster Anstrich folgt der Haftgrund, der verhindert, daß der Lack später abblättert. Dann den getrockneten Stuhl mit Acrylfarbe lackieren und gut trocknen lassen. Jetzt kommt

die Kunst: Auf der Lehne die Konturen für die Malerei vorzeichnen und ausmalen. Häuser oder Maus mit Namensschild können Sie hier abpausen und mit Kopierpapier übertragen. Vielleicht haben Sie aber auch ganz andere Ideen. Wenn die Farben trocken sind, das Gemälde zum Schutz mit farblosem Lack überziehen. Übrigens, falls Ihnen Malen nicht liegt: Eine persönliche Widmung kann man auch auf einen Stuhl schrauben. Lassen Sie sich den Namen oder das Monogramm auf ein kleines ovales Emailleschild malen.

Das Dorf (vom blauen Stuhl) zum Abzeichnen. Etwas Landschaft können Sie nach Platz und Belieben hinzufügen.

Kleben

Beklebte oder bemalte Notizbücher,
Adreßbücher, Ordner und Ringbücher sind
Mitbringsel für alle Gelegenheiten.

Notizbücher braucht jeder

Ich habe meist ein paar veredelte Notizbücher auf Vorrat liegen und brauche bei Bedarf nur in die Schublade zu greifen. Die billigen schwarzen China-Bücher kennen Sie sicher. Sie lassen sich (wie viele andere) mit Stoff oder Papier bekleben òder bemalen.

Das brauchen Sie:

Notizbücher beliebiger Größe oder einfache Ordner, Klebstoff oder doppelseitig klebende Folie, festes Papier, Fotokopien oder Stoff zum Bekleben, eventuell dazu Klebeband für den Buchrücken. Für die schwarzweißen Bücher: Lackmalstifte, Tusche und Feder oder einen feinen Pinsel, vielleicht eine Maskierflüssigkeit (Rub-

belkrepp aus dem Zeichen- und Künstlerbedarf), mit dem man wie beim Batiken Flächen von einem Anstrich aussparen kann.

Schwarzweiße Bücher

Wenn Sie schwarze Bücher haben und der Untergrund schwarz bleiben soll, nur den Buchrücken schwarz anpinseln oder mit schwarzem Klebeband abkleben. Die Buchdeckel mit Lackmalstiften großzügig bemalen (siehe Blume und Teufelsfratze) oder beschriften. Sie können umgekehrt mit schwarzer Tusche auf dickem weißem Papier zeichnen und damit das Buch beziehen (siehe Kritzelmuster in Schwarz auf Weiß). Das Buch mit den vielen Köpfen wurde zunächst mit weißem Papier beklebt und dann mit schwarzer Tusche und Feder bemalt. Anschließend haben wir die Zwischenräume zwischen den Köpfen schwarz angemalt. Weil es aber mühsam ist, um die Köpfe herum zu pinseln, kann man so vorgehen: Alle Köpfe mit sogenanntem Rubbelkrepp einzeln überpinseln. Mit dieser Flüssigkeit deckt man Flächen ab, die den nachfolgenden Anstrich nicht annehmen sollen. Danach kann man also das ganze Buch schwarz oder farbig anstreichen bzw. ansprühen und, wenn alles trocken ist, den Krepp wieder ab-

*In Weihnachts-Notizbüchern kann man das
ganze Jahr über Geschenkideen sammeln*

rubbeln. Wichtige Details: Auch die Innenseiten der Buchdeckel bekleben und verzieren und eventuell auch die Buchrücken!

Bücher mit Fotokopien

Für die Notizbücher von Seite 76 Farbkopien von Fotos, Drucken, Landkarten oder Abbildungen aller Art machen lassen (mit Laserkopierer in einem Copy-Shop) und damit Notizbücher so bekleben, wie man ein Schulbuch einbindet. Entweder mit doppelseitiger Klebefolie oder mit Klebstoff zum Aufpinseln (Planatol). Bei Klebefolie: erst die Kopie auf die Folie ziehen, dann das Buch einbinden. Danach die Innenseiten der Buchdeckel bekleben und so die Überstände vom Einband verdecken.

Stricken und Häkeln

Spitzensöckchen aus Baumwolle mit tulpenförmigem Schaft als schöne Sommergeschenke. Die Strickanleitung steht auf der nächsten Seite.

Söckchen für den Sommer

Wann haben Sie zuletzt Socken gestrickt? Wenn Sie das mal wieder üben wollen, könnten Sie gleich Geschenksocken produzieren, Spitzensocken für Freundinnen. Davon kann man im Sommer gar nicht genug haben. Denken Sie auch an kleine Mädchen! Das besondere an unserem Sockenmodell: Der Spitzenschaft erweitert sich tulpenförmig. Das sieht gut zu Turnschuhen aus. Nehmen Sie Baumwolle dafür in neutralen Naturtönen und in Weiß, also Töne, die zur Turnschuhmode passen, dann können Sie farblich nichts verkehrt machen.

Das brauchen Sie:

Baumwollgarn (Lauflänge 210 m / 50 g), und zwar pro Sockenpaar: 100 g. Außerdem ein Nadelspiel Nr. 2.

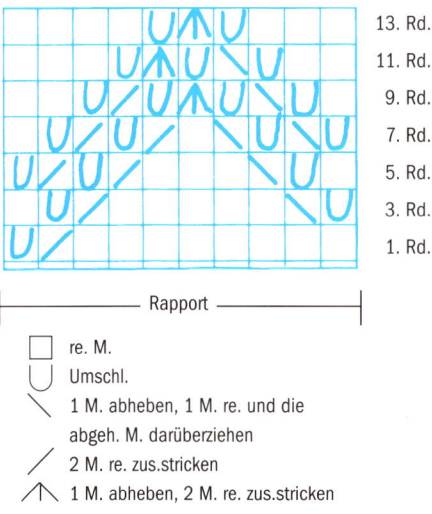

13. Rd.
11. Rd.
9. Rd.
7. Rd.
5. Rd.
3. Rd.
1. Rd.

|——— Rapport ———|

	re. M.
$\cup$	Umschl.
$\diagdown$	1 M. abheben, 1 M. re. und die abgeh. M. darüberziehen
$\diagup$	2 M. re. zus.stricken
$\wedge$	1 M. abheben, 2 M. re. zus.stricken und die abgeh. M. darüberziehen

Grundmuster:

Glatt re. (in Runden nur re.), Lochmuster siehe Schemazeichnung. Sie zeigt nur die ungeraden Rd., in den geraden Rd. alle M. und Umschl. re. stricken.

So wird's gemacht:

90 M., verteilt auf vier Nadeln, anschlagen und in Rd. zunächst 1,5 cm im Grundmuster stricken. Dann nach der Schemazeichnung weiterarbeiten. Den Rapport in der Rd. 9mal, in der Höhe 4mal stricken. Anschließend 3 cm im Rippenmuster (1 M. re., 1 M. li. im Wechsel) arbeiten. Dabei in der 1. Rd. jede 4. und 5. M. li. zus.stricken (es müssen noch 18 M. auf jeder Nadel sein). Dann im Grundmuster weiterarbeiten und nach der 1. Rd. mit der Ferse beginnen: Die 3. und 4. Nadel stillegen. Mit den M. der 1. und 2. Nadel in Hin- und Rückreihen arbeiten (Rückr. li.). Nach insgesamt 28 R. die M. in 3mal 12 M. unterteilen. In der folgenden Hinr. die ersten 23 M. stricken, die folg. M. abheben, die nächste M. re. stricken und die abgeh. M. darüberziehen, die Arbeit wenden. Dadurch entsteht eine Lücke. Nun die 1. M. li. abheben, 10 M. zurückstricken, dann 2 M. li. zus.stricken. Die Arbeit wenden. Es entsteht wieder eine Lücke. Nun die 1. M. re. abheben und weiterstricken bis 1 M. vor

die Lücke. Von jetzt an in den Hinr. immer die M. vor der Lücke abheben, die folg. M. re. stricken und die abgeh. M. darüberziehen. In den Rückr. immer die M. vor und nach der Lücke li. zus.stricken, bis die M. der äußeren Drittel aufgebraucht sind. Von den verbleibenden 12 M. je 6 M. auf eine Nadel geben. Für die Verbindung von Ferse und Spann an den Fersenkanten je 18 M., außerdem den Querfaden zwischen 1. und 4. Nadel und zwischen 2. und 3. Nadel (später verschränkt abstricken, damit keine Löcher entstehen) mit auf diese Nadeln nehmen. Nun in Rd. weiterarbei-

ten. Dabei 7mal in jeder 2. Rd. für die Spickel wie folgt M. abnehmen: bei der 1. Nadel die 1. M. abheben, die folgende M. re. stricken und die abgeh. M. darüberziehen, bei der 2. Nadel die letzten 2 M. re. zus.stricken. In ca. 19 cm Fußlänge (anprobieren!) mit den Abnahmen für die Spitze beginnen. Dafür in der folgenden Rd. bei der 1. und 3. Nadel die 2. M. abheben, die folg. M. re. stricken und die abgehobene M. darüberziehen. Bei der 2. und 4. Nadel die zweit- und drittletzte M. re. zus.stricken. Abnahmen in jeder folg. Rd. wiederholen. Die letzten 8 M. mit dem Endfaden zusammenziehen.

Bei diesen Söckchen sind die Schäfte schmaler. Dafür 70 Maschen aufnehmen (7mal den Rapport) und bei der 1. Runde des Rippenmusters 2 Maschen herausstricken (= 72 Maschen)

Feine Häkelschals

Warm halten sie kaum, aber sie schmücken ungemein. Der Charakter dieser Schals hängt vom Material ab: Glänzende Viskose oder Seide machen sich edel, sind aber unter Umständen rutschig. Wenn Sie das stört, nehmen Sie lieber ganz feine Wolle oder dünnes Baumwollgarn.

Das brauchen Sie für den hellen Schal:

400 g cremefarbenes Viskose-Häkelgarn oder ein anderes geeignetes Material (Lauflänge 250 m/50 g) und eine Häkelnadel Nr. 1,25.

So wird's gemacht:

Das Grundmuster aus Luftmaschen und Stäbchen sehen Sie aus der Schemazeichnung (nächste Seite). Gespannt ergeben bei Viskosegarn 45 M. in der Breite (= 15 Kästchen) und 14 Reihen (bzw. Kästchen) in der Höhe 10 cm im Quadrat. 247 Lftm. anschlagen und nach der Schemazeichnung häkeln. In der Höhe den Rapport 3mal arbeiten, dann die letzten 4 R. der Zeichnung häkeln. Dabei am Anfang jeder R. statt des 1. Stb. 2 Lftm. häkeln. Zuletzt an den schmalen Kanten 1 R. fe. M. mit Fransen anhäkeln, d.h. nach der 1. fe. M. und nach jeder weiteren 2. fe. M. jeweils eine Schlinge aus 80 Lftm. arbeiten. Das Tuch nach den angegebenen Maßen spannen und dämpfen.

Das brauchen Sie für den schwarzen Schal:

550 g schwarzes Viskose-Häkelgarn oder ähnliches Material (Lauflänge 250 m/50 g) und eine Häkelnadel 1,25.

Der helle Schal mit Blumen ist 55 cm breit und 176 cm lang (ohne Fransen), der schwarze 70 cm mal 197 cm. Häkelschema Seite 86 und 87

Rapport

☐ 1 Stb., 2 Lftm.
✕ 3 Stb.

Häkelmuster für den hellen Schal

So wird's gemacht:

Das Grundmuster ersehen Sie wieder aus der Schemazeichnung (rechte Seite). Es besteht aus Luftmaschen und Doppelstäbchen. Gespannt ergeben 41 M. in der Breite (= 10 Kästchen) und 9 R. (bzw. Kästchen) in der Höhe 10 cm im Quadrat. 281 Lftm. anschlagen und nach der Schemazeichnung arbeiten. Am Anfang jeder R. statt des 1. Doppelst. 4 Lftm. häkeln. Nach der Mittelreihe (am oberen Ende der

— Mitte

☐ 1 Doppelstb., 3 Lftm.
╳ 4 Doppelstb.

Häkelmuster für den schwarzen Schal

Zeichnung) das Tuch gegengleich be-
enden, also die Zeichnung einfach auf
den Kopf drehen und entsprechend
weiterarbeiten. Zuletzt an den
Schmalseiten 1 R. fe. M. mit Fransen
anhäkeln, d. h. nach der 1. fe. M. und

nach jeder weiteren 3. fe. M. jeweils
eine Schlinge aus 90 Lftm. arbeiten.
Das Tuch nach den angebenen Maßen
spannen und die Schlingen zusätzlich
glattdämpfen. Übrigens: Kreuzstichmuster kann man oft nachhäkeln!

Baumwolldecke fürs Baby

Diese schöne weiße Strickdecke ist 90 x 110 cm groß und gut waschbar. Ein sehr praktisches, lange brauchbares Geschenk für junge Mütter.

Das brauchen Sie:

1000 g weißes Baumwollgarn (Lauflänge ca. 85 m/50 g) und eine 100 cm lange Rundstricknadel Nr.3

So wird's gemacht:

Das Schema auf Seite 90/91 zeigt das Grundmuster, und zwar das Maschenbild der rechten Seite. Das heißt: Bei den Rückreihen müssen Sie die rechts gezeichneten Maschen links, die rechts verschränkten links verschränkt stricken und die linken Maschen rechts. 200 M. anschlagen und die ersten 10 Reihen für den Rand kraus rechts stricken (Hinr. re. und Rückr. re.). Dann weiter auf beiden Seiten die äußeren 6 Maschen kraus rechts stricken und mit den übrigen M. das Grundmuster nach der Schemazeichnung arbeiten. Die Ausschnitte in der Zeichnung sind ohne Bedeutung. Sie entstehen nur in der Zeichnung, weil das Heraus- bzw. Zusammenstricken von Maschen nicht in derselben Reihe stattfindet. Stricken Sie in der Breite die ersten 9 Maschen der Zeichnung, anschließend 4mal den Rapport und weiter bis ans Ende der Zeichnung. In der Höhe arbeitet man insgesamt 17mal von der 1. bis 20. bzw. 18. Reihe und noch einmal die 1. und 2. Reihe (bei den Wiederholungen entfällt in der ersten Musterreihe das Herausstricken der Maschen). Dann über die ges. Breite noch 10 Reihen kraus rechts stricken. Dabei in der ersten Reihe bei allen Zöpfen 2 Maschen re. zus. stricken. Maschen abketten.

Nehmen Sie für die Strickdecke dickes Baumwollgarn. Das sieht gut aus und geht schnell

Babyschuhe

Das brauchen Sie:

50 g weißes Baumwollgarn (Lauflänge 115 m/50 g), 1 m schmales Seidenband in Weiß und Stricknadeln Nr. 3.

So wird's gemacht:

50 M. anschlagen und die 1. – 8. Reihe: kraus re. (Hinr. re., Rückr. re.), die 9. – 11. Reihe: glatt re. (Hinr. re., Rückr. li.) stricken. 12. Reihe (Rückr.): 1 Randmasche, * 1 Umschl., 2 M. re. zus. stricken, ab * stets wiederholen, 1 Randmasche, 13. Reihe (Hinr.): 1 Randmasche, 1 M. re., * 1 Umschl., den Umschl. der Vorr. mit der folg. M. re. zus.strikken, ab * stets wiederholen, den letzten Umschl. re. abstricken, 1 Randmasche; 14. Reihe: 1 Randmasche., 1 Umschl., 2 M. re. zus.stricken,

* 1 Umschl., den Umschl. der Vorr. mit der folg. M. re. zus.stricken, ab * stets wiederholen, 1 Randmasche; 15. Reihe: alle M. und Umschl. re.; 16. Reihe: die ersten 16 M. li., dann die Arbeit wenden (alle übrigen M. ungestrickt lassen); 17. Reihe: re.; 18. Reihe: li.; 19. Reihe: 1 Randmasche, * 1 Umschl., 2 M. re. zus. strikken, ab * stets wiederholen, 1 Randmasche; 20. Reihe: alle M. und Umschl. li.; 21. Reihe: re.; 22. Reihe: li. Dann die 16 M. abketten. Die mittleren 18 M. weiterhin stillegen. Mit den übrigen 16 M. die 16. – 20. R. wie beschrieben arbeiten, dann die Maschen abketten. Einen Faden durch die stillgelegten Maschen ziehen, durch die

Strickschema für die Decke

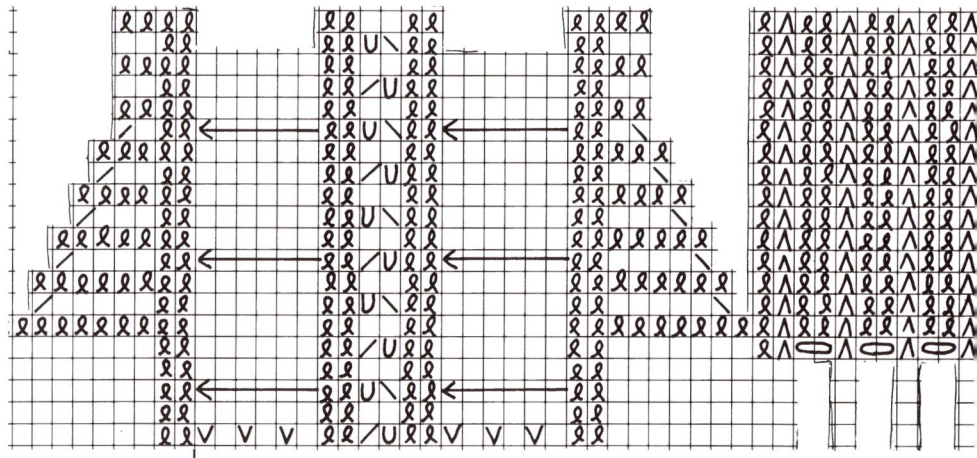

Das Schema zeigt das Maschenbild der rechten Seite

Mütter freuen sich darüber (Babys nicht so): die ersten Schuhe aus Baumwolle

angrenzende Randmasche einstechen und wieder durch die Maschen zurückführen. Den Faden etwas anziehen, damit sich die runde Fußform ergibt, und die Enden sorgfältig vernähen. Die rückwärtige und die Sohlennaht schließen. Dabei an der Fußspitze die Naht einkräuseln, der Schuh wird dann rund und flach. Den zweiten Schuh genauso stricken.

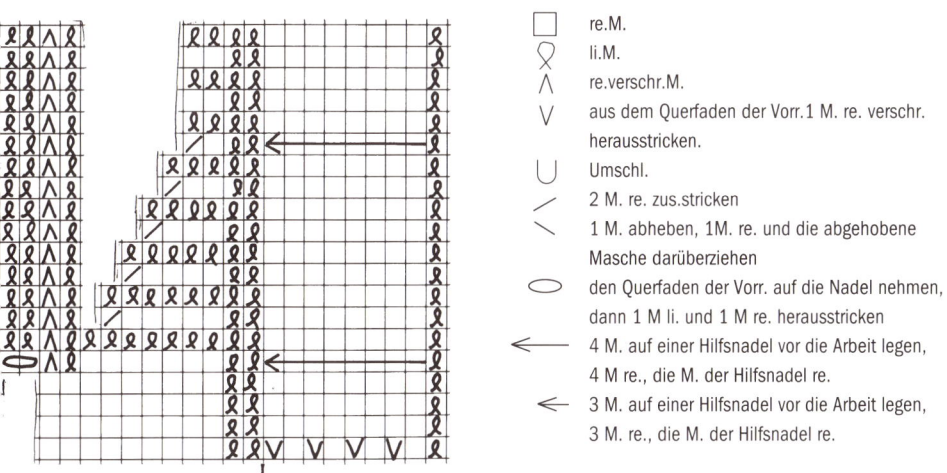

☐	re.M.
⚯	li.M.
⋏	re.verschr.M.
V	aus dem Querfaden der Vorr.1 M. re. verschr. herausstricken.
∪	Umschl.
╱	2 M. re. zus.stricken
╲	1 M. abheben, 1M. re. und die abgehobene Masche darüberziehen
⬭	den Querfaden der Vorr. auf die Nadel nehmen, dann 1 M li. und 1 M re. herausstricken
⟵	4 M. auf einer Hilfsnadel vor die Arbeit legen, 4 M re., die M. der Hilfsnadel re.
⟵	3 M. auf einer Hilfsnadel vor die Arbeit legen, 3 M. re., die M. der Hilfsnadel re.

Sägen

Derzeit sind Bilderrahmen gefragt, die aussehen, als hätte sie ein Heimwerker aus rohen Brettern einfach zusammengeleimt. Das kommt uns ungeübten Heimwerkern sehr entgegen.
Machart: nächste Seite

Etwas Bild in viel Rahmen

Mini-Rahmen: rohe Holzleisten, 2 cm dick und etwa 6 cm breit, auf Gehrung (= 45 Grad) sägen. Hier in einer Gehrungslade

Einen der umseitigen Rahmen habe ich geschenkt bekommen, aus sägerauhen Holzleisten, hellblau lasiert und nur 20 x 20 cm groß. In der Mitte eine Streichholzschachtel mit Schneckenhaus. Die Idee kann ich nur zur Nachahmung empfehlen! Rahmen aus groben Holzleisten zu bauen, ist gar nicht so schwierig wie Sie denken! Vorausgesetzt Sie haben gutes Werkzeug.

Das brauchen Sie:

Ungehobelte, sprich: sägerauhe Bretter (trocken!) oder Leisten, Fußleisten oder andere Profilhölzer, eventuell Zierleisten, Rückwände aus Preßpappe, (alles aus dem Baumarkt oder aus dem Heimwerkerbedarf), eine gute und deshalb nicht billige Gehrungssäge, um Winkel zu schneiden (die Anschaffung lohnt sich, wenn man öfter Rahmen baut), oder aber eine Feinsäge plus Gehrungslade (billiger, aber nicht so präzise wie eine Gehrungssäge), Schraubzwingen, einen sogenannten Bandspanner, um die Ecken beim Leimen zusammenzuhalten, Holzleim, Bildaufhänger, kleine Eisenwinkel, Glas (Glaser), Acrylglas (Baumarkt).

Die Ecken mit Holzleim zusammenkleben und mit Bandspanner oder Zwingen zusammenhalten. Eine kleine Acrylglasscheibe selber sägen

So wird's gemacht:

Wenn Sie sich schon mal an die Arbeit machen, bauen Sie doch gleich mehrere Rahmen. Das lohnt sich und macht auch mehr Spaß, weil Ihnen bei der Arbeit neue Ideen kommen. Kleine Rahmen in Reserve zu haben, kann nicht schaden. Die Grundmethode geht so: Erst die Größe des Rahmens festlegen, ausgehend vom Innenmaß, also von dem Bild, dem Spiegel oder dem Schaustück, das gerahmt werden

soll. Wenn Sie Ihren Leistenbedarf ausrechnen, nehmen Sie das Innenmaß des Rahmens plus die vier ausgesägten Ecken. Das sind für jede Ecke zweimal Rahmenbreite. Die Holzleisten ausmessen und in einem Winkel von 45 Grad absägen. Dafür braucht man die Gehrungssäge, damit man sich nicht „versägt". (Es sei denn, man kriegt die Leisten im Baumarkt schon fertig zugeschnitten.) Die vier Leisten schleifen, die Ecken mit Holzleim zusammenkleben und zusammenhalten, bis der Leim getrocknet ist. Das geht mit Zwingen oder mit einem Bandspanner (Heimwerkerbedarf), den man sich vorher schon spannbereit um den noch unfertigen Rahmen herumlegt. Bei schweren Rahmen die Ecken auf der Rückseite zusätzlich durch kleine Winkeleisen oder kräftige Kartondreiecke zusammenhalten. Wer Rahmen aus rohen, sägerauhen Brettern baut, muß darauf achten, daß das Holz richtig trocken ist. Vor allem bei größeren Rahmenformaten klaffen sonst die Ecken später auseinander, und das Holz reißt. Richtige Rahmenleisten haben einen Falz, in dem Rückwand und Glas gehalten werden. Bei anderen Leisten und Brettern muß man sich einen bauen: entweder vier schmale Leisten gegen die Rückseite des Rahmens oder vor die vorderen Innenkanten setzen, sozusagen einen etwas kleineren Zweitrahmen. Scheiben schneidet der Glaser zu. Acrylglas kann man mit einem Spezialsägeblatt wie Sperrholz selber sägen, an den Ecken vorbohren und direkt von hinten gegen den Rahmen schrauben.

Zierleisten aufkleben

Im Bau- oder Heimwerkermarkt finden Sie ganz unterschiedliche, dünne Holzleisten, von schlicht halbrund bis gedreht, die als Zierleisten gehandelt werden. Solche Leisten können Sie als eine Art kleinen Zweitrahmen um die Innenkanten Ihres Rahmens kleben, und zwar so, daß sie nach innen etwas überstehen und so das Glas halten können. (Beispiele für Zierleisten sehen sie auf dem Foto von Seite 92/93.) Sie werden mit der Gehrungssäge schräg abgesägt und mit Holzleim auf die Rahmenleisten geklebt.

Rahmen streichen

Rohes Holz soll seinen Charakter behalten. Es wird deshalb nur leicht gefärbt (mit Lasurfarbe, mit Wasserfarbe oder mit wasserlöslicher Beize). Immer auch auf der Rückseite! Ganz im Stil der „Brutalo"-Rahmen sind auch weiß geschlämmte Bretterleisten. Das Holz wird dann entweder mit dünn angerührter Gipsmilch mehrfach übergestrichen oder richtig dick mit Gips zugespachtelt. Der Gipsbrei (2 Teile Gips auf 1 Teil Wasser) hält, wenn man die Leisten vorher mit Mullbinden umwickelt und den Mull vor dem Eingipsen naß macht.

Rahmen vergolden oder versilbern

Unser primitiver Typ von Leisten gehört eigentlich nicht in die Abteilung Goldrahmen, aber gerade der Kontrast macht hier den Reiz. Mit einem Anstrich sehen Gold- und Silbertöne nie so blank und gut aus, als wenn Sie sie mit hautfeinem Schlagmetall (Blattsilber oder Blattgold) belegen. (Das gibt es in verschiedenen Metallen beim Künstlerbedarf.)

Dafür brauchen Sie:

Schlagmetall (Messing für Goldtöne), als Untergrund weiße Plakafarbe und dunklen Acryllack (Farbe nach Belieben), sowie ein Haftöl namens „Mixtion 3 Stunden" (das bedeutet: drei Stunden Trockenzeit), eventuell Zaponlack und einen weichen Pinsel.

So wird's gemacht:

Den fertigen Rahmen mit Plakafarbe weiß grundieren. Nach dem Trocknen den dunklen Lack auftragen und trocknen lassen. Dann dünn mit dem Mixtion-Öl bestreichen. Diese Schicht soll genau drei Stunden trocknen. Danach können Sie die hauchfeinen Metallblättchen mit der Trägerschicht nach oben auf den Rahmen legen, mit dem Pinsel zart andrücken und die Trägerschicht ablösen. Soll der dunkle Untergrund hier und da durchscheinen, wie auf dem Foto rechts unten, müssen Sie beim Auflegen die Metallfolie leicht auseinanderziehen. Ganz zum Schluß wird ein Rahmen (wenn er glänzen soll) mit Zaponlack vorsichtig betupft.

Angebrachte Zierleiste

Gestrichener Rahmen

Vergoldeter Rahmen

Wem fehlt eine Kuh?

*Die Kuh, etwa 28 x 22 cm groß, kann
man sich auch schwarzweiß vorstellen*

Erwachsene – habe ich festgestellt –
haben beinahe noch mehr übrig für
solche schön altmodischen Haustiere
als Kinder. Kuh und Pferd (Seite 100)
können vielleicht ein zusätzliches kleines Geschenk tragen. Und: Niemand
muß sich auf genau diese Tiere spezia-
lisieren. Vorlagen finden sich auch für
Elefanten, Kamele und andere Tiere
in Büchern oder Zeitschriften. Meist
braucht man die Fotos nur auf dem
Kopierer zu vergrößern.

Das brauchen Sie:

10 mm starke Sperrholzplatten, Holzleim, Farben, Pergamentpapier, Kohle-
papier, Laubsäge und zwei mittlere
Schraubzwingen.

So wird's gemacht:

Kuh und Pferd werden aus drei Holz-
schichten zusammengeleimt. Die
mittlere besteht aus Körper mit Kopf
und Schwanz, die beiden äußeren jeweils aus Körper mit Beinen. Die

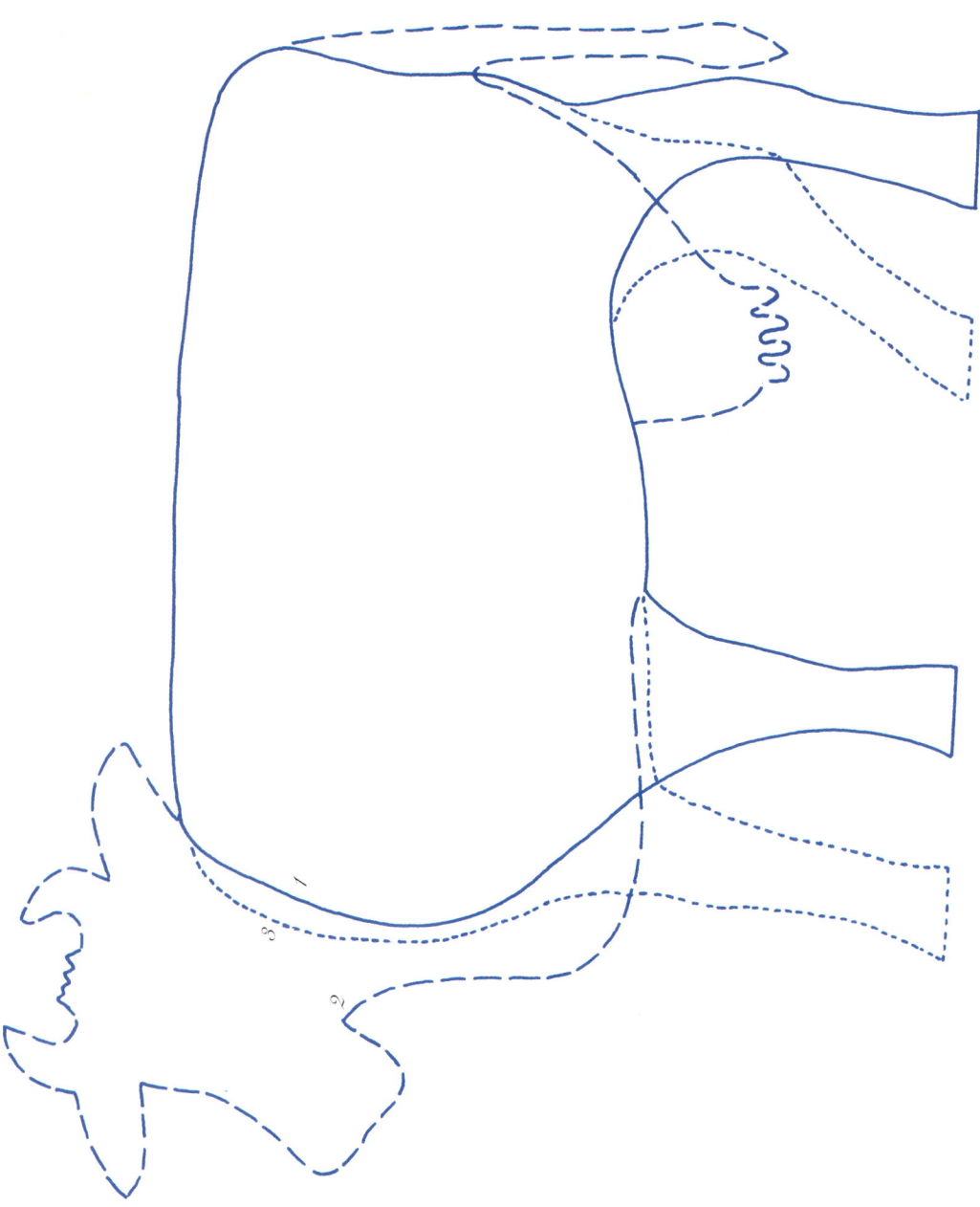

Diese Zeichenvorlage über einem Kopierer vergrößern

Dieses Pferd, etwa 30 x 16 cm groß,
ist ein arbeitsgewohnter Ackergaul

Schnittschemen sind unterschiedlich gestrichelt. Diese Schnitteile einzeln auf Pergament durchzeichnen und, wenn gewünscht, mit einem Fotokopierer vergrößern und zum Holzkauf mitnehmen. Das vordere Teil (Nr. 1) hat einen durchgezogenen Strich, das mittlere (Nr. 2) eine gestrichelte, das hintere (Nr. 3) eine punktierte Linie. Wo die Teile genau übereinanderstimmen, gilt die durchgehende Linie.

Diese drei Teile mit Kopierpapier auf das Sperrholz übertragen und aussägen. Die Kanten glattschleifen, wo nötig etwas ausbessern. Dann die Teile so aufeinanderkleben, daß die gemeinsamen Kanten genau bündig aufeinanderliegen. Mit Zwingen zusammenhalten, bis der Leim trocken ist. Zum Schluß anmalen, wie es Ihnen gefällt. Ob mit Lack oder lieber matt patiniert, das ist Geschmackssache.

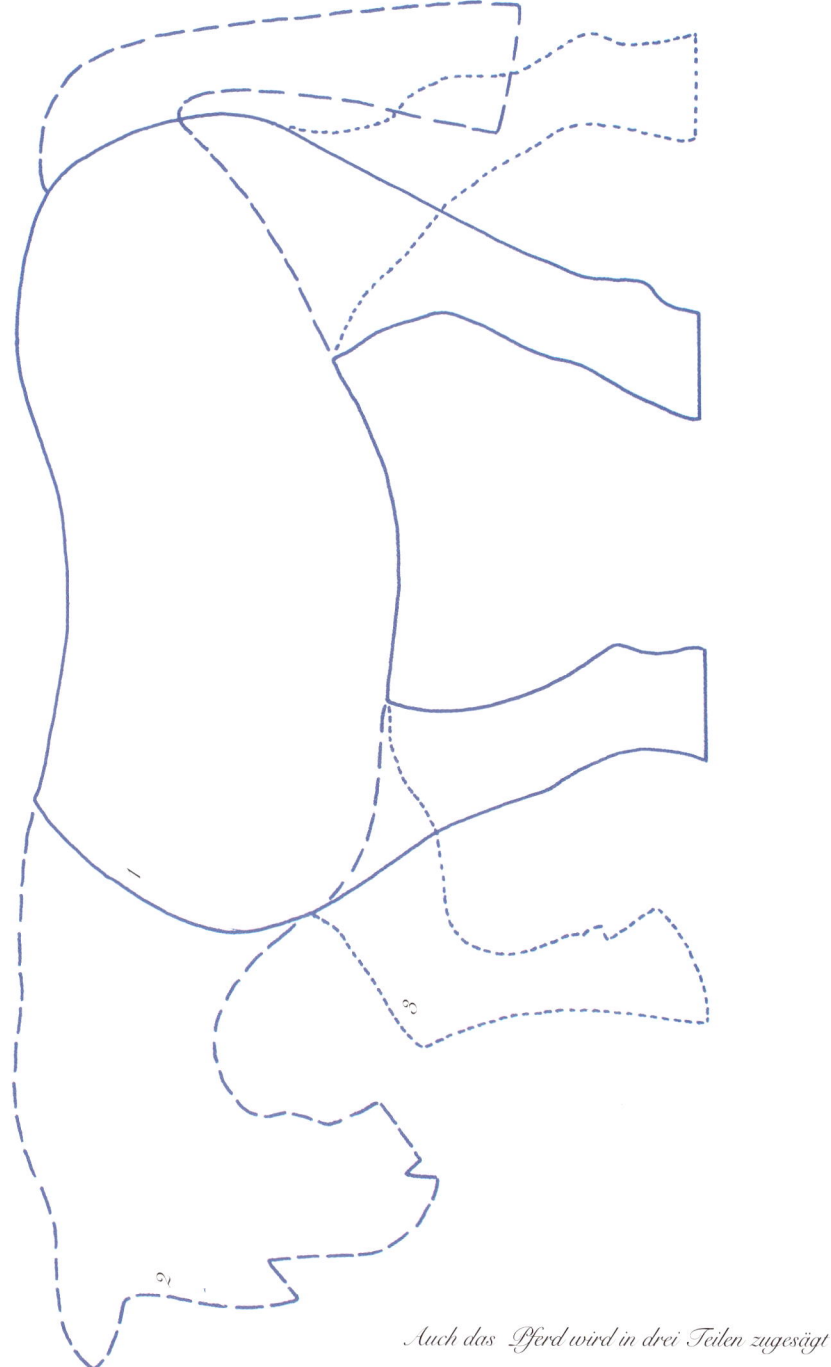

Auch das Pferd wird in drei Teilen zugesägt

Schnitzen

Überraschen Sie sich und andere mal mit einem selbstgeschnitzen Küchenbrett. Am Schnitzen werden Sie Ihren Spaß haben.
(Anleitung nächste Seite)

Bretter für Tisch und Küche

Für die Schnitzerarbeit brauchen Sie nicht viel, aber gutes Werkzeug. Und eine gewisse Lehrzeit. Beide Investitionen lohnen nicht für eine einzelne Platte oder ein Brettchen. Wohl aber für eine Kleinserie oder ein neues Hobby. Und da man hier viel selbst entwerfen und entwickeln kann, bleibt die Arbeit auch im Wiederholungsfall spannend.

Das brauchen Sie:

Für den Anfang drei Schnitzeisen (Stechbeitel genannt): einen geraden, einen V-förmigen sogenannten „Geißfuß" und ein flaches Hohleisen (beide etwa 10 bis 12 mm, das Hohleisen 30 mm breit). Dazu ein gutes Schnitzmesser und einen Abziehstein zum Schleifen des Werkzeugs. Außerdem: einen runden Holzhammer namens Klüpfel, mit dem Sie die Beitel flach ins Holz klopfen. Besorgen Sie sich mittelgroße Schraubzwingen, um das Holz bei der Arbeit einzuspannen, und

Schleifpapier. Das Holz (Holzhandlung, Heimwerkerbedarf, Tischler) lassen Sie sich zuschneiden. Zum Schnitzen nehmen Anfänger am besten weiches, gleichmäßig gemasertes Holz wie Linde, Kiefer, Pappel oder Silberahorn, astfrei und trocken. Lassen Sie sich beim Händler beraten.

So wird's gemacht:

Zuerst kommt die Form des Brettes. Runde Bretter oder solche mit abgeschrägten Ecken sollten Sie sich beim Holzkauf (oder vom Tischler) zuschneiden lassen. Ein herausragendes Zackenmuster wie die Blätter auf Seite 102 muß man vorzeichnen und mit der Stichsäge aussägen. Dann kommt die Schnitzarbeit. Unsere Beispiele zeigen Reliefschnitzerei. Dabei werden Muster auf dem Holz vorgezeichnet. Dann stemmt man das Holz drumherum weg, so daß sich die Muster plastisch abheben. Es eignen sich einfache Motive mit klaren Umrissen.

Echte Efeu- und Weinblätter haben für diese Bretter als Schnitzmuster gedient

Wein- oder Efeublätter zum Beispiel, die man auf dem Brett verteilt, mit Klebestreifen festhält und gleich als Schablone zum Zeichnen benutzt. Oder auch große Buchstaben, Zahlen und Tiere, die einfach aufzuzeichnen sind, wie zum Beispiel ein Fisch. Natürlich können Sie auch Muster abpausen und mit Kopierpapier auf das Holz übertragen. Wenn Sie Ihr Dekor aufgezeichnet haben, werden die Konturen mit Stechbeitel (Geißfuß) und Klüpfel oder mit dem Schnitzmesser nachgeschnitten bzw. gerade nachgestochen. Anschließend schlägt man mit sanfter Holzhammermethode die Zwischenräume frei. Bei weichem Holz kann man unter Umständen auf den Holzhammer verzichten und nur mit dem Eisen arbeiten. Sonst hält man den Stechbeitel schräg in der linken Hand, den Holzhammer in der rechten und arbeitet von sich weg.

Eines ist sehr wichtig:

Möglichst immer in Faserrichtung des Holzes oder quer dazu schnitzen! Wenn das Holz anfängt, sich zu sperren und zu reißen, dann ist die Richtung falsch! (Das lernt man durch Übung, sagen die Schnitzer.) Wenn Sie Ihre Motive roh herausgearbeitet haben, werden mit Schnitzmesser, Hohlbeitel oder Geißfuß Blattadern oder Fischschuppen modelliert und zum Schluß mit feinem Schleifpapier Kanten und Flächen sorgfältig geschliffen. Weiches, geschnitztes Holz ist für den groben Küchendienst zu schade. Besser, man nimmt Schnitzbretter, um trockene Lebensmittel zu schneiden und auf dem Tisch anzubieten. Es empfiehlt sich aber, das noch unbehandelte Holz mit Olivenöl oder einem anderen Speiseöl dünn einzureiben, um es einigermaßen gegen Flecken zu imprägnieren.

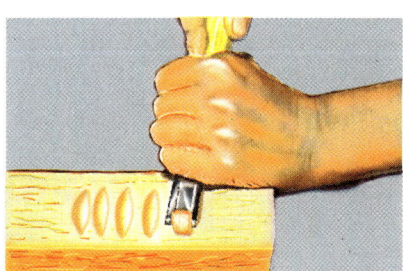

So hält die linke Hand den Beitel

*Unkomplizierte, klar umrissene Schnitzmotive nehmen,
auf den Brettrand zeichnen und dann herausarbeiten*

Schwein und Katze haben Kinder geschnitzt. Sie gehen
unbefangener an die Arbeit als die meisten Erwachsenen

Steine schnitzen ist kinderleicht!

Diese schnitzbaren Steine sind aus sogenanntem Gasbeton, einem porösen, weichen Material, das man mit normalem Werkzeug gut bearbeiten kann. Unter Markennamen wie Ytong oder Hebel gibt es diese Steine im Baustoffhandel oder auf einer Baustelle.

Das brauchen Sie:
Die Leichtbausteine und möglichst altes Werkzeug, das nicht mehr zu verderben ist: Fuchsschwanz, Gummihammer und Meißel, Küchenmesser, eine grobe Feile und Schleifpapier. Außerdem farblose Silikongrundierung, um die Oberfläche zu versiegeln.

So wird's gemacht:
Die Arbeit macht großen Spaß, weil man rasch vorankommt, aber sie macht auch viel Staub! Also: entweder draußen arbeiten, in der Garage, oder den Arbeitsplatz sehr weiträumig abdecken. Zeichnen Sie die Figur, die Sie sich vorgenommen haben, mit

Farbkreide auf den Stein. (Bei unse-
ren kleinen Bildhauern sind die Tiere
rund 60 cm groß und ein Drittel der
Höhe nimmt der Kopf in Anspruch.)
Bringen Sie Ihre Figur dann mit dem
Fuchsschwanz grob in Form. Bei Orna-
menten nehmen Sie Gummihammer
und Meißel. Feinarbeit wird mit dem
Küchenmesser und der Feile gemacht.
Zum Schluß mit Schleifpapier nach-

arbeiten und mit Silikongrundierung
einpinseln. Gasbeton ist wetterfest,
kann draußen bleiben und Patina ansetzen. Auf die Grundierung kann man
aber auch jede Art von Farbe auftragen, die für draußen oder drinnen ge-
eignet ist. Übrigens, wenn Ihnen bei
der Arbeit mal ein Stück Stein ab-
bricht: Es läßt sich mit Zweikompo-
nentenkleber wieder ankleben.

*Die rohen Steine zuerst mit der Säge grob in
Form bringen, bis die Proportionen stimmen*

*Das Schweinchen macht Küchendienst. Statt eines
Tieres können Sie eine Säule schnitzen. Das ist einfacher*

Nähen

Der Maler Henri Matisse lieferte die Anregung zu dieser Applikation aus Seide auf Leinen. Zu nähen mit Maschine oder Hand. Mehr darüber auf Seite 115.

Gemälde aus Seide auf Leinen

Für abstrakte Applikationen gibt es bei modernen Malern jede Menge Anregungen, aber natürlich keine genauen Vorlagen. Wenn Sie ein Gefühl für Formen und Farben haben, können Sie sich getrost an die wirklich lohnende Arbeit machen. Sie sind hier die Künstlerin!

Das brauchen Sie für die Decke mit dem blauen Motiv:

Format 150 x 200 cm: 180 cm naturfarbenes, grobes Mal-Leinen, 300 cm breit (Künstler- oder Bühnenbedarf). Nicht zu dünne Seidenreste oder andere Stoffstücke in zwei Blautönen und für den Rahmen in verschiedenen Creme- bis Lachsfarben. Nähgarn in passenden Farben, ca. 300 cm dünne Vlieseline zum Aufbügeln (Qualität H 200, 60 cm breit), Papier für den Entwurf, Schneiderkopierpapier und Pergamentpapier.

Das brauchen Sie für die bunte Decke:

Format 266 x 200 cm: 235 cm Mal-Leinen, 300 cm breit, kräftige bunte Seiden- oder Stoffreste, 300 bis

400 cm Vlieseline zum Aufbügeln (Qualität H 200, Breite 60 cm) und Papier für den Entwurf. Außerdem noch Pergament und Schneiderkopierpapier (wenn Sie Motive irgendwo abpausen und auf Stoff übertragen wollen) und Papier für den Entwurf.

So wird's gemacht:

Leinen läuft ein, deshalb unbedingt vorwaschen und bügeln! Für die kleinere Decke auf 214 cm, für die größere auf 280 cm Breite zuschneiden und säumen. Dafür rundherum erst 1 cm, dann 6 cm nach links umbügeln und knappkantig steppen, an den Ecken Briefecken einarbeiten. Motive erst aus Papier ausschneiden und auf der Decke anordnen, auch die Farbverteilung ausprobieren. Alle Seidenstücke verstärken, indem Sie von links Vlieseline aufbügeln. Vorher wegen der richtigen Temperatur eine Bügelprobe machen! Dann die Motive nach Ihrer Papiervorlage ohne Nahtzugaben mit einer sehr scharfen Schere ausschneiden, auf dem Leinen festheften. Zum Schluß die einzelnen Teile ringsum mit dichten Zickzackstichen (etwa 2 mm breit) feststeppen.

Auch für dieses bunte Flickenwerk lassen sich bei Matisse oder anderen modernen Malern Anregungen finden

An dieser Decke hat man lannge zu tun.
Aber sie wird auch ein Stück fürs Leben

Quilt-Decke aus Wäscheresten

Alle, die diese Steppdecke aus Wäscheresten so begehrlich ansehen wie ich, müssen vorweg gewarnt werden: Es steckt viel Arbeit und Geduld in diesem Meisterstück. Und wer sie sich vornimmt, sollte nähen können, mit der Maschine oder mit der Hand. Die Arbeit an einer so aus Einzelteilen zusammengesetzten Decke können Sie natürlich auch auf mehrere Näherinnen verteilen und ein Gemeinschaftsgeschenk daraus machen! Oder Sie beschränken sich auf kleinere Portionen nach dem Motto: Auch gesteppte Kissen machen Freude!

Die Bettdecke (für ein 1 x 2 Meter großes Bett) mißt ca. 180 x 270 cm, zusammengesetzt aus vierzig verschiedenen Quadraten von 25 x 25 cm. Zuerst näht man alle Quadrate: Geduldige mit der Hand, Geübte mit der Nähmaschine. Zum Schluß werden sie dann mit Stoffstreifen zusammengenäht und rundum eingefaßt.

Das brauchen Sie:

Jedes Quadrat besteht aus mehreren Schichten. Unterstoff, Volumenvlies als Wattierung (kann auch Molton sein), darauf der Oberstoff und darauf noch das – auch wattierte – Ornament. Sie brauchen also kräftigen, gut waschbaren Unterstoff (ca. 6 Meter, 90 cm breit), etwa 7 Meter Volumenvlies, 150 cm breit (oder Molton, vorwaschen!) als Wattierung, und jede Menge weißer Flicken und Wäschereste: von alten Servietten und Handtüchern, Tisch- und Bettwäsche, Hemden und hellen Kleidern bis zu Spitzen und Spitzendeckchen. Zum Zusammennähen und Einfassen etwa 5,60 Meter von einem kräftigen Streifen- oder Unistoff, 140 cm breit.

So wird's gemacht:

Sie nähen, wie gesagt, jedes 25 x 25 cm große Quadrat einzeln, was die Sache sehr erleichtert: Zerschneiden Sie die Vorräte an alter Wäsche in lauter 28 x 28 cm (inkl. überall 1,5 cm Nahtzugabe) große Quadrate. Daß dabei Stickereien und Monogramme einen guten Platz kriegen, ist klar. Aber verschmähen Sie auch Taschen, Kragen und Säume nicht! Das bringt Leben in die Decke! Jedes Wäschequadrat wird unterlegt mit einem ebenso großen Stück Vlies oder Molton. Zusammenstecken! Quadrate, die eine Tasche, einen Spitzenbesatz oder ein Monogramm tragen, sind lebendig genug und werden nur durch Steppnähte zusätzlich verziert. Schlichte Stoffstücke dagegen bekommen zusätzliche Applikationen: Blumentöpfe, Sterne, Schleifen, Namen. Und diese Verzierung wird auch wieder mit Vlies oder Molton wattiert. Alles feststecken und durch vier Schichten hindurch (Vlies, Stoff, Vlies, Ornament) zusammensteppen. Hier ein paar Einzelbeispiele :

Ein Stern aus Rauten

Damit alle Zacken gleich werden, vorher eine Schablone von einer Raute machen. Dann aus verschiedenen Stoffresten rautenförmige Stücke (mit Nahtzugabe!) zuschneiden: 6 Stück für den einfachen Stern. Es gibt in der Decke aber auch Achtzacker und auch Ornamente aus 12 Rauten (Foto). Die Rauten unterlegen Sie wieder mit Vlies, stecken sie auf dem Stoff fest und steppen Stück um Stück auf.

Blumentöpfe

Für solche Muster braucht man Geschick und Übung im Nähen. Blumen und Blätter werden freihändig mit Bleistift auf Stoff gezeichnet, mit Nahtzugabe ausgeschnitten (am besten gleich zusammen mit dem Vlies), festgesteckt und mit der Hand oder Maschine aufgesteppt.

Namen aufsticken

Suchen Sie sich aus Drucksachen (Zeitschriften, Postern, Katalogen) Buchstaben, die Ihnen gefallen und vergrößern Sie diese auf dem Kopierer. Dann mit Hilfe von Schneiderkopierpapier auf Stoff übertragen, mit Nahtzugabe zuschneiden und auf das Stoffquadrat oder auf mehrere Quadrate steppen. Um die Buchstaben hervorzuheben, entweder mit Vlies unterlegen, oder anschließend Schnur einziehen (auf der Unterseite kleine Öffnungen schneiden und später mit der Hand schließen).

Einfassung

Die fertigen Quadrate auslegen, gut mischen und durch 9 cm breit zugeschnittene Stoffstreifen verbinden. Erst zu Längsreihen von je 8 Quadraten, dann quer. Die Streifen mit Vlies unterlegen, mehrfach absteppen und auf die Kreuzungspunkte wattierte Quadrate setzen. Die Decke mit dem Un-

terstoff füttern und mit dem Streifenstoff oder Unistoff einfassen, mit dem Sie auch die Quadrate verbunden haben. Dafür den Stoff in 33 cm breite Streifen schneiden, mit Vlies unterlegen, rechts auf rechts an die Deckenkante steppen, zur Hälfte auf die Deckenrückseite umbiegen und feststeppen. An den Ecken Briefecken einarbeiten.

Mit altem Monogramm...

...und Kragen

Feine Taschen aus Stoff

Wäschetaschen mit feiner Handarbeit gehören natürlich nicht gerade zu den lebensnotwendigen Dingen. Aber freuen uns nicht gerade die oft am meisten?

Der Taschenschnitt:

Die Tasche mit der weißen Stickerei ist ca. 22 x 28 cm groß und ohne Schnitt einfach zu nähen. Für alle anderen Taschen (Fertigmaß 25 x 36 cm) machen Sie am besten einen originalgroßen Papierschnitt mit der jeweils gewünschten Klappenform nach dem Schnittschema auf Seite 123.

Tasche mit Weißstickerei

Sie brauchen 31 x 70 cm weißen Baumwollstoff, 1 Docke weißen Sticktwist und je einen Bogen Pergament- und Schneiderkopierpapier. Zunächst den Stoff an einer schmalen Kante 1,5 cm breit säumen und an dieser Seite 21 cm breit für die Tasche umbügeln. Das überstehende Stück ist die Taschenklappe, die Sie an beiden Seiten knappkantig säumen. An der ungesäumten Kante der Klappe ca. 1 cm von außen mit Bleistift eine Bogenlinie aufzeichnen, die von der Mitte aus nach beiden Seiten gleich verläuft.

Feine Taschen für feine Wäsche, Strümpfe oder Taschentücher

Muster für die Weißstickerei

Dann eine Langettenkante arbeiten, das heißt mit zwei Twistfäden die Linie mit kurzen dichten Schlingstichen übersticken. Den überstehenden Stoff abschneiden. Die Seitennähte der Ta-

sche von links schließen. Das Stickmotiv mit Bleistift auf Pergamentpapier durchzeichnen, dabei das Schleifen-band auf der linken Seite gegengleich ansetzen. Die Zeichnung auf die rechte

Seite der Klappe legen, Kopierpapier dazwischenschieben und alle Linien mit Kugelschreiber nachziehen. Mit geteiltem Faden (3fädig) die Blättchen in der Blütenmitte im schräglaufenden Plattstich, die zwei äußeren Linien der Blüte mit den Stegen im dichten Schlingstich, alle übrigen Linien im Stielstich sticken. Die schattierten Flächen mit einer feinen Schere ausschneiden.

Tasche mit grüner Blattranke

Schnitt mit der kurzen Dreiecksklappe: Hier wurde einfach das Blattmuster eines Jacquardstoffes überstickt. Natürlich können Sie die Blattranke auch auf einen ungemusterten weißen Stoff sticken. Schneiden Sie die Tasche doppelt zu, damit sie fest genug wird, rundherum mit 1,5 cm Nahtzugabe. Außerdem brauchen Sie eine Docke grünmelierten Stickviwst und je einen Bogen Pergament- und Schneiderkopierpapier.

Das Motiv mit Bleistift auf Pergament zeichnen, auf die Klappenmitte legen, Kopierpapier dazwischenschieben und alle Linien mit Kugelschreiber nachziehen. Das Blattmotiv mit drei Twistfäden aussticken, die Stengel im Stielstich, die Blätter in schräglaufendem Plattstich. Die beiden Stoffteile (Tasche und Futter) miteinander verstürzen, Schmalkante offenlassen, wenden und die Schmalkante von rechts ganz knapp absteppen. Zum Schluß in einem Arbeitsgang erst eine

Seite knappkantig zusammensteppen, dann die Klappe absteppen und anschließend die andere Seite wieder knappkantig zusammensteppen.

Tasche mit runder Klappe

Für diese weiße Tasche brauchen Sie zweimal weißen Pikee-Stoff und aufbügelbaren Volumenvlies, alles in Schnittgröße plus 1,5 cm Nahtzugabe. Außerdem einen Stickereieinsatz aus weißer Baumwolle (Kaufhaus). Das Volumenvlies auf die linke Seite eines Pikee-Teils bügeln (Oberstoff), mit dem anderen Pikee-Teil (Futter) verstürzen. Das Taschenteil zum Schluß

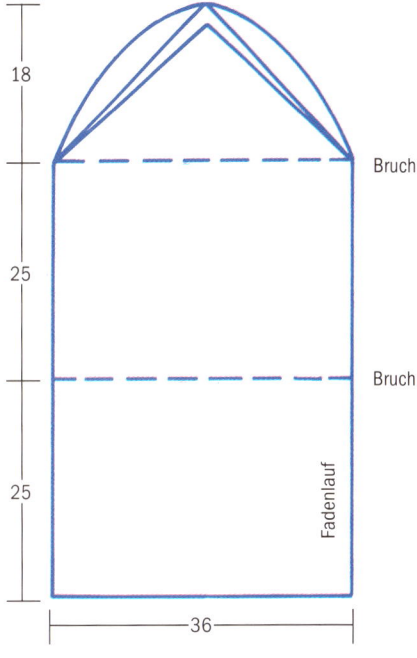

Schnittmuster für alle Taschen

Vorlage für die Blattranke

ringsum knappkantig zusammensteppen (wie beim Rankenmuster) und
den Stickereieinsatz auf die Klappe
nähen.

Tasche mit Steppmuster

Schnitt mit langer Dreiecksklappe:
Dafür brauchen Sie zweimal gestrei-
ten Baumwollstoff als Oberstoff und
als Futter, dazu Volumenvlies, alles in
Schnittgröße plus 1,5 cm Nahtzugabe,
und für die Einfassung einen feinge-
musterten Stoff von ca. 80 x 30 cm (da
kann man Reste zusammenstückeln).
Aus diesem Besatzstoff nähen Sie ein
doppeltes Band zum Zubinden (Fertigmaß: 130 x 4 cm) und einen Schrägstreifen von 160 x 4 cm. Zum Absteppen
brauchen Sie festes weißes Nähgarn,
Lineal und Schneiderkreide. Zeichnen
Sie auf die rechte Seite eines Stoff-
teils das Rhombenmuster mit scharf-
kantiger Schneiderkreide auf. Am besten erst alle Linien in einer, danach
in der anderen Richtung und zum
Schluß die kleinen Rhomben in der
Mitte zeichnen. Legen Sie dann auf-
einander: 1. Futterstoff, 2. Volumenvlies
und 3. Oberstoff. Alle Schichten zusammenheften und dann mit weißem
Faden alle Linien in kleinen Vorstichen nachsteppen, durch alle drei

Schichten hindurch. Kreide mit einem
Stoffrest abwischen. Nun das Binde-
band der Länge nach genau auf die
Mitte Ihres Taschenbezugs steppen
und zwar so, daß die freihängenden
Enden gleich lang sind. Mit dem Aufsteppen, 5 cm von der Spitze entfernt
beginnen und 19 cm vor der geraden
Schmalkante enden. Danach diese
Schmalkante (Tascheneingriff) mit
dem Schrägstreifen einfassen, die Tasche einschlagen, die offenen Kanten
zusammenheften und alle offenen
Kanten mit Schrägstreifen einfassen.

Steppmuster für die grünweiße Tasche

Ornamente aus Filz

Ornamente aus Filz schneiden und mit der Maschine aufsteppen – auf diese Weise kann ein beeindruckendes Kissen entstehen. Als Untergrund, also als Stoff für die Kissenhülle, bietet sich wieder einmal schweres Leinen an. Applikationen aus weißem oder schwarzem Filz passen als Schmuckstück in fast jede Wohnung.

Das brauchen Sie:

Für ein Kissen von 46 cm Durchmesser: 50 cm grobes Leinen (hier naturfarben und weiß), 140 cm breit, für die Kissenhülle. Für die Applikationen ca. 40 x 40 cm schwarzen oder weißen Filz, 40 cm Vliesofix (aufbügelbares Vlies), 90 cm breit, Schneiderkopierpapier, eine feine Schere, Pergamentpapier und passendes Nähgarn.

So wird's gemacht:

Das Motiv für das Ornament einmal so, wie hier in Grau gezeichnet auf Pergament durchzeichnen und zu einem Kreis vervollständigen. Dann passend zu Ihrem Kissen vergrößern. Vlie-

sofix mit der Papierseite nach oben darauflegen und das Ornament mit Bleistift durchzeichnen. Dann das Vlies auf den Filz bügeln. Jetzt aus Papier ein Schnittmuster für die Kissenhülle machen: zwei Kreise von 46 cm Durchmesser und noch einen 145 cm langen und 6 cm breiten Randstreifen. Den Streifen in drei Teile zerschneiden, die Papierteile auf das Leinen stecken und mit 1 cm Nahtzugaben zuschneiden. Zeichnung des Ornaments genau auf die Mitte eines Leinenkreises legen, Schneiderkopierpapier dazwischenschieben und alle Linien mit einem Kugelschreiber nachziehen. Das Ornament aus Filz ausschneiden, das Papier vom Vlies abziehen und das Ornament paßgerecht auf das vorgezeichnete Leinen aufbügeln. Dann den Filz knappkantig aufsteppen. Nun kommt die Kissenhülle dran: Die drei Streifen auf 145 cm Weite zu einem Ring zusammennähen und zwischen die beiden Kreise nähen. Einen Schlitz für das Kissen offenhalten und mit der Hand zunähen.

Diesen grauen Viertelkreis abpausen, gegengleich zu einem Halbkreis, dann zu einem Kreis ergänzen

Filzornamente auf derbem Leinen – so ein Kissen läßt man sich gerne schenken

Ein Kimono ist schnell genäht

Kimonos sind unisex – Geschenke für männliche und weibliche Wesen zu ganz besonderen Anlässen.

Das brauchen Sie:

Für einen Leinenkimono in Größe 38/42: 6 Meter schweres weißes Leinen, 90 cm breit, Papier für den Schnitt und kräftiges Nähgarn.

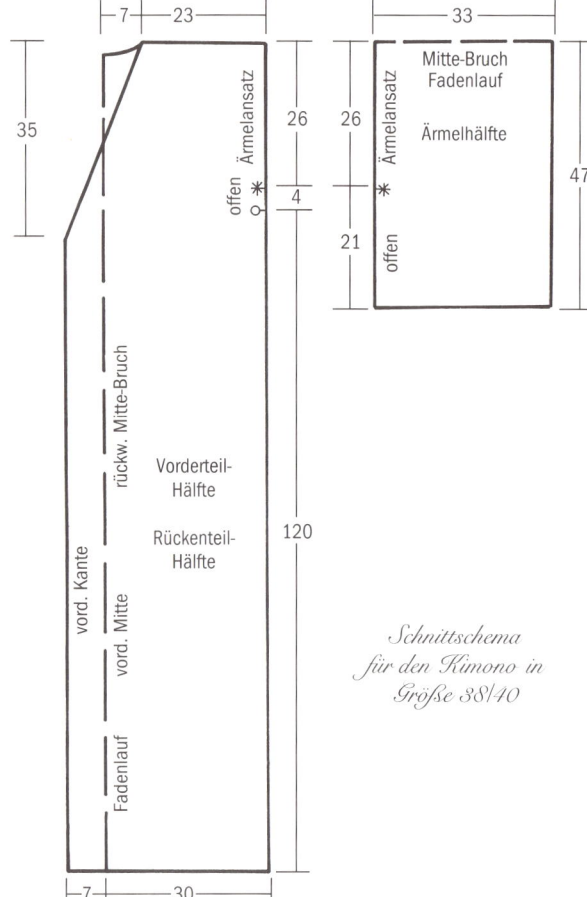

Schnittschema für den Kimono in Größe 38/40

So wird's gemacht:

Nach dem Schnittschema einen originalgroßen Schnitt machen, die Teile auf den Stoff stecken und mit 2 cm Nahtzugaben zuschneiden. Achtung: Bei den Ansatzkanten für die Ärmel (bei Vorder- und Rückenteil und bei den Ärmeln selbst), bei der Kimono- und der Ärmellänge je 6 cm anschneiden. Für die vordere Blende schneiden Sie einen Stoffstreifen von 3,20 m Länge und 16 cm Breite zu, für den Bindegürtel einen Streifen von 1,50 m Länge und 16 cm Breite. Dann die Seitennähte des Kimonos bis O–, sowie die Schulter- und Ärmelnähte schließen und die Ärmel von ✳ bis ✳ einsetzen (also vorn hoch, über die Schulter und hinten wieder runter). Kimono- und Ärmelsäume erst 2, dann 4 cm breit einschlagen und knappkantig feststeppen. Dasselbe machen Sie mit den Ärmelansatzkanten. Also die 6 cm Nahtzugaben an Ärmel und Kimono erst 2, dann 4 cm breit einschlagen und knappkantig steppen, einmal zur Kimono- und einmal zur Ärmelseite hin, bis zum Punkt O–. Die Blende an die vorderen Kanten und den rückseitigen Halsausschnitt ansetzen, das heißt, feststecken (dabei an der vord. Spitze etwas einhalten) und nähen. Fertigmaß: 6 cm. Zum Schluß den Bindegürtel nähen.

Aus schwerem weißem Leinen ist solch ein schlichter Kimono am schönsten. Kräftiger Naturnessel ist eine preiswertere Alternative

Fotos
kopieren

„Ansichtskissen": alte oder auch neue
Familienfotos werden auf Naturleinen kopiert.
Wie, steht auf der nächsten Seite.

Illustrierte Stoffe

*Fotos nehmen beim Kopieren
keinen Schaden*

Ungeahnte Geschenkmöglichkeiten stecken im Fotokopierer. Über T-Shirts brauchen wir gar nicht mehr zu reden. Mit der Foto-auf-Stoff-Methode können Sie auch illustrierte Kissen herstellen, Schürzen, Decken, Taschen, Buchhüllen und was Ihnen sonst noch an Textilien zu Geschenkzwecken einfallen mag. Mit Familiendokumenten (Fotos vor allem, aber auch mit Briefen oder sonstigen Schriftstücken) illustriert, können das erfolgreiche Überraschungen werden.

Das brauchen Sie:
Ein scharfes, kontrastreiches, klares Bild (Foto oder Druck), das sich gut abzeichnet und eine Fotokopieranstalt mit Laser-Farbkopierer. (Kaufhaus oder im Branchen-Telefonbuch unter Fotokopien nachsehen.)

So wird's gemacht:
Sie bringen Bild und Stoff zur Kopieranstalt und kommen mit dem Foto auf dem Stoff wieder. So einfach ist das. Bilder aller Art können Sie bis zum

„Briefträger" ist hier eine Leinenjacke. Auch Jeans oder Jeansjacken eignen sich gut für solche Scherze. Die kopierten Briefe sind aufgenäht.

Motive aus dem Hühnerhof sind hier auf großen Schürzentaschen verewigt

Leinentasche mit Rosenbild. Auf Naturleinen wirken kopierte Bilder besonders romantisch!

Format DIN A3 (30 x 42 cm) vergrößern. Geben Sie genau an, wo das Bild auf dem Stoff sitzen soll, und lassen Sie sich den Preis vorher nennen. Übrigens bleiben die bebilderten Stoffe waschbar (bei 30 bis 40 Grad im Schongang). Bügeln Sie das Stoffbild vorher von links und verwenden Sie Waschpulver ohne Bleichmittel. Nicht schleudern und auf keinen Fall in einen Trockner stecken!

Holz, Papier und Porzellan illustrieren

Bei noch nicht allen, aber vielen Kopieranstalten können Sie inzwischen Fotos und andere Bilder und Texte auf Briefmarken kopieren lassen, die natürlich nur dekorativen und keinen postalischen Wert haben. Zu Großvaters Geburtstag eine Sondermarke, das ist doch eine Idee! Oder lassen Sie ein Bild auf Porzellan bringen! Das geht aber nur auf ganz glatten, ebenen Tellern oder ganz geraden Bechern. Geschenkmöglichkeiten: ein großer Kuchenteller mit dem Backrezept, ein Becher mit Porträt. Die bebilderten Geschirrteile kann man normal benutzen und heiß spülen. Die ganze Prozedur läßt sich auch mit Holz machen. Das muß allerdings eben sein, es kommen also Brettchen und Furnierteile in Frage. Und für die gibt's eine Menge Verwendungsmöglichkeiten.

Alte Postkarten oder Briefe in gestochener deutscher Schönschrift sind höchst dekorativ

Gießen und töpfern

Diese Blattschale ist ein Abdruck der Natur: Ein Kohlblatt in Beton gegossen.

Ein Blatt wird aus Beton geformt

*Das steinerne Blatt ist drinnen wie draußen
zu benutzen. Hier dient's als Gartenzierstück*

Betonguß ist ein faszinierendes Unternehmen und führt zu einmaligen, aufsehenerregenden Geschenken. Aber die Arbeit ist mit Dreck verbunden und hinterher sieht's aus, als wäre der Maurer dagewesen! Also, wenn möglich, draußen arbeiten und immer gleich eine kleine Serie machen, damit sich der Aufwand lohnt.

Das brauchen Sie für die Blattschale:

Ein schönes, rundes Kohlblatt oder ein anderes großes Blatt mit ausgeprägten Adern. Dann einen Sandhügel, etwas größer als das Blatt, Betonbrei (angerührt mit Wasser aus je zur Hälfte weißem Zement und feinem Sand oder aus Fertigzement), eventuell etwas Abtönfarbe, wenn das Gußstück nicht zu hell sein soll, und einen alten Löffel oder einen Spachtel.

So wird's gemacht:

Bauen Sie sich Ihren kleinen Sandhügel draußen oder drinnen auf einem großzügig mit Folie abgedeckten Fußboden. Feuchten Sie den Sand etwas an. Dann wird das Kohlblatt, Adern nach oben, auf den Sandhügel gelegt und etwa 1,5 cm hoch mit dem Zementbrei eingestrichen, an den Rändern dünner werdend und ganz oben etwas abgeflacht, damit die Schale später Stand hat. Nach zwei Tagen können Sie das Blatt abziehen und die Schale umdrehen. Sie ist fertig. Unsere Blattschale ist übrigens nicht rein betonfarben. Beim Anmischen des Betonbreis wurde ein Schuß Abtönfarbe für Wände in Grün beigemischt.

Als Untersetzer

Noch einfacher können Sie nach derselben Methode eine blattförmige Platte herstellen, die Sie beispielsweise als Untersetzer verschenken – oder als Gartenzierde. Die Fotos zeigen, wie es gemacht wird. Dafür brauchen Sie einen ebenen Untergrund: draußen ein breites Brett, drinnen einen gut abgedeckten Tisch oder den Boden. Das Blatt wird wieder mit der Oberseite nach unten gelegt, so daß die Adern oben sind. Dann gleichmäßig mit Beton bestreichen, etwa 1,5 bis 2 cm hoch. Trocknen lassen und nach etwa drei Tagen das Blatt abziehen.

Für eine flache Steinplatte: Blatt auf flachem Grund mit Beton bestreichen. Die Dicke der Schicht hängt von der späteren Belastung ab

Nach zwei bis drei Tagen den hartgewordenen Beton umdrehen, so daß das Blatt wieder oben ist

Dann kann man das Blatt abziehen, zurück bleibt die Versteinerung

Töpfern geht wie Kuchen-backen

Hier brauchen Sie keine Töpferscheibe. Dafür aber eine große Schale oder Platte, die Sie abformen können. (Sie nimmt dabei keinen Schaden!) Da, wo Sie den Ton holen, können Sie in der Regel Ihr Knetwerk auch glasieren und brennen lassen.

Das brauchen Sie:

Weißen oder braunen Ton, 0–2 mm Körnung (gibt es in 10 -kg-Paketen bei Töpferzubehör oder in Bastelläden. Die Menge reicht für zwei ca. 40 cm große Platten), weißdeckende Fertigglasur, wenn Sie selbst glasieren, Teigrolle (Nudelholz), Küchenmesser, Küchentuch, Pinsel für die Glasur, Schwamm und als Form eine entsprechend große runde oder ovale Platte oder Schale (bzw. einen Teller), egal, ob aus Keramik, Porzellan oder Metall.

So wird's gemacht:

1. Einen guten Batzen Ton (rund 5 kg für eine Platte von etwa 40 cm Durchmesser) wie Kuchenteig lange und kräftig kneten, bis der Ton geschmeidig ist und keine Luftblasen mehr enthält.

*Mit einer handgetöpferten großen Platte oder Schale kann man allen eine
Freude machen, die nicht ausschließlich auf Meißner Porzellan schwören*

2. Dann den Ton auf einem Küchentuch gleichmäßig etwa 6 mm dick ausrollen, und zwar ringsum ca. 5 cm größer als die vorhandene Platte.

3. Luftblasen (kleine Erhebungen) mit einem Messer anstechen und die Stelle mit nassem Finger wieder glätten. Wenn Luftblasen im Ton bleiben, können beim Brennen später leicht Risse entstehen.

4. Die Tonplatte vorsichtig umdrehen und auch auf der anderen Seite mit der Teigrolle glattrollen. Luftblasen anstechen! Dann die vorhandene Platte bereitstellen, den Ton mitsamt dem Tuch hochheben und vorsichtig daraufgleiten lassen.

5. Den Ton mit dem Küchentuch leicht andrücken, dann mit den Händen weiterarbeiten. Sie müssen jetzt einen Abdruck von Ihrer Platte machen, indem Sie den Tonteig sanft so kneten, daß er sich der Grundform vollständig anpaßt. Sie können auch einen feuchten Schwamm oder eine kleine Teigrolle zu Hilfe nehmen. Die Oberfläche wird dabei durch die Fingerabdrücke leicht modelliert.

6. Dann mit einem scharfen Küchenmesser den Rand der Platte nachschneiden – siehe Foto rechts – und die Kante mit nassem Finger glätten.

7. Jetzt müssen Sie die rohe Platte in der Form zwei bis drei Tage an der Luft trocknen lassen, bis sie selbständig die Form hält. Die rauhe Kante noch einmal mit Schwamm und Wasser glätten, sonst bleibt sie körnig.

Brennen und glasieren:

Transportieren Sie die rohe Platte am besten in der Grundform zum Brennofen. Nach dem ersten Brennen wird sie glasiert. (Unsere braunen Platten sind naturbelassen und hochgebrannt, bei einer Temperatur von über 1000 Grad.) Weißes Geschirr wird mit Fertigglasur satt eingepinselt. Das können Sie vielleicht in der Töpferei machen oder machen lassen, damit Sie Ihr Werk nicht wieder mit nach Hause nehmen und dann wieder zum Brennen bringen müssen. Nach dem Glasieren kommt der zweite Brand. Das fertige, schwere Stück mit Früchten, Kuchen oder Käse verschenken.

*Ähnlich wie ein Tortenboden wird der
Ton auf eine Platte oder Schale geknetet*

Brigitte-Themen als Brigitte-Bücher